中华武术典籍珍藏

『十四五』国家重点出版物出版规划项目
国家古籍工作规划项目
国家古籍整理出版专项经费资助项目

中国武术研究院院藏清抄本校释

伍

第五卷

国家体育总局武术研究院 编写
中国武术协会 审定

北京体育大学出版社

丛书策划编辑：孙宇辉　钱春华
丛书责任编辑：吴　珂
本卷责任编辑：田　露
本卷责任校对：井亚琼
封 面 设 计：王齐云
版 式 设 计：北京华泰联合图文设计制作中心

图书在版编目（CIP）数据

中国武术研究院院藏清抄本校释 . 第五卷，《张横秋先生拳法》《六合拳论》《拳论抄要》《拳术秘集》/ 国家体育总局武术研究院编写 . -- 北京：北京体育大学出版社，2024. 5. --（中华武术典籍珍藏）. -- ISBN 978-7-5644-4123-4

Ⅰ . G852

中国国家版本馆 CIP 数据核字第 2024EE9651 号

中国武术研究院院藏清抄本校释　第五卷
ZHONGGUO WUSHU YANJIUYUAN YUANCANG QINGCHAOBEN JIAOSHI DI-WUJUAN
国家体育总局武术研究院　编写

出版发行：北京体育大学出版社
地　　址：北京市海淀区农大南路 1 号院 2 号楼 2 层办公 B-212
邮　　编：100084
网　　址：http：//cbs.bsu.edu.cn
发 行 部：010-62989320
邮 购 部：北京体育大学出版社读者服务部 010-62989432
印　　刷：北京瑞禾彩色印刷有限公司
开　　本：880mm × 1230mm　　1/32
成品尺寸：143mm × 210mm
印　　张：15.5
字　　数：337 千字
版　　次：2024 年 5 月第 1 版
印　　次：2024 年 5 月第 1 次印刷
本册定价：130.00 元
丛书定价：998.00 元

中华武术典籍珍藏·中国武术研究院院藏清抄本校释编委会

顾　　问：江百龙　张　山　陈国荣　骈宇骞

编委会主任：张玉萍　张　剑

编委会副主任：李永强　陈　冲

编委会委员：王立峰　冯宏芳　许　猛　孙宇辉　李　飞　吴　珂　肖志民　罗为民　郭晓勇

（以上按姓氏笔画排序）

主　　编：周伟良　胡玉玺

副 主 编：田文林

编　　委：田文波　李远伟　杨红光　杨祥全　杨　强　余水清　罗时铭　耿　彬　程大力

第一卷

执行主编：耿　彬

编　　委：李远伟　杨红光　杨　强

第二卷

执行主编：杨红光

编　　委：李远伟　杨　强　耿　彬

第三卷

执行主编：李远伟

编　　委：杨红光　杨　强　耿　彬

第四卷

执行主编：杨　强

编　　委：李远伟　杨红光　耿　彬

第五卷

执行主编：杨红光

编　　委：李远伟　杨　强　耿　彬

第六卷

执行主编：杨　强

编　　委：李远伟　杨红光　耿　彬

第七卷

执行主编：耿　彬

编　　委：李远伟　杨红光　杨　强

第八卷

执行主编：李远伟

编　　委：杨红光　杨　强　耿　彬

前言

武术，作为中华优秀传统文化的重要组成部分，是中华民族的智慧结晶，承载着中华民族的精神追求。自古以来，武术不仅是一种强身健体、自卫防身的技艺，更是一种修身养性、弘扬民族精神的文化载体。

习近平总书记在二〇二三年六月二日文化传承发展座谈会上的讲话中说道：『文化关乎国本、国运。只有立足波澜壮阔的中华五千多年文明史，才能真正理解中国道路的历史必然、文化内涵与独特优势』。中华民族的文化自信是建立在五千多年不间断文明传承基础上的。在推进中国式现代化建设的征程上，我们要找准中华文化的根和魂，坚定中国特色社会主义道路自信、理论自信、制度自信、文化自信。

一九八三年至一九八六年，国家体育运动委员会武术挖掘整理领导小组统一部署，各级体育运动委员会武术挖掘整理工作小组积极参与，全国八千余名专职武术工作者和业余爱好者被动员起来，开展了我国武术发展史上空前的『普查武术家底，抢救武术文化遗产』工作。经过三年努力，为收集保存武术文物、史料而开展的『献拳经拳谱、献兵械实物、献功法技艺』的『三献』活动，收集了一批文献资料、古兵器和其他实物，丰富了武术文物资料库。

拳谱典籍，作为中华文明历史长河中的珍贵文献，记录了武术的原始形态与发展脉络，它们是武术传承的见证，更是领略与参详古代武术文化思想和技艺传承的宝贵资料。然而，由于时代的变迁和语言的演变，这些拳谱对现代人来说，往往难以直接阅读和理解。因此，在新时代对这些抄本进行校释，不仅是对优秀传统文化的尊重，也是对武术发展的贡献。

本次校释工作，由国家体育总局武术研究院发起组织，精选出三十四份三十一种清代拳械技理抄本，委托郑州大学体育学院（现为河南体育学院）的多位武术学者和专家共同完成，北京体育大学出版社作为出版方协助编辑出版。他们秉持严谨求实的态度，历经长期艰苦的工作，对原稿进行了细致的校勘与注释，使这些珍贵的历史文献得以更加清晰、准确地呈现在读者面前。希望这些努力能够让更多的人了解武术的精髓，感受武术的魅力。

中华武术典籍珍藏·中国武术研究院院藏清抄本校释的顺利出版得益于二〇二三年度国家古籍整理出版专项经费的资助，这是武术类古籍编辑出版首次被该项目立项支持，体现了国家对于优秀传统文化的重视与扶持。同时，本丛书被列为『十四五』国家重点出版物出版规划项目，以及二〇二一年至二〇三五年国家古籍工作规划重点出版项目。

本丛书的出版，不仅为武术理论研究提供了『考镜源流』的史料支撑，也意味着一批清代武术珍本首次面世，对传承武术技艺、弘扬传统武术文化具有深远的影响。同时我们也要看到，对武术源流与发展的探究是一个既复杂又漫长的系统工程，武术古籍点校出版与后续的研究工作，仍然任重而道远，必须继续推进、不断深化。

武术的传承发展与中华民族的伟大复兴息息相关，从戚继光『抵御外侮』的壮志豪情，到中央国术馆『御侮图存』的精神追求，再到新时代基于文化自信的传统武术振兴实践，中华武术无疑是中国人自强不屈精神的生动体现与巩固中华文化主体性的坚强堡垒。我们愿与社会各界一起，深入探源在中华文明波澜壮阔发展历程中与之相伴相生的武术发展脉络，把武术历史研究引向深入。

饮水思源，不忘本初。本丛书的出版，离不开国家体育总局武术研究院历任领导的关心与关怀，他们的远见卓识和坚定支持，为丛书的编辑和出版奠定了坚实的基础。同时，也离不开众多国内外武术学者和专家的无私指导与贡献，在此不逐一列举。我们特别要向四十年前那些在武术挖掘整理工作中慷慨捐赠武术典籍的人士致以最诚挚的敬意和衷心的感谢。正是他们的无私奉献和慷慨支持，极大地丰富了武术历史研究的资料宝库，为武术文化的传承注入了不朽的精神。

总之，《中华武术典籍珍藏·中国武术研究院院藏清抄本校释》的出版，既是对武术文献典籍的系统梳理，也是对中华文化主体性在武术领域的深刻阐释，更是对传统武术文化的礼敬。愿本丛书的问世能够激发更多人对武术历史的兴趣与热爱，吸引更多人来保护、研究和传承这份珍贵的文化遗产。

古籍文献的整理不可能一蹴而就，本丛书必定会存在一些不足，希望读者批评指正。

国家体育总局武术研究院

二〇二四年六月

编者的话

历史是过去发生过的事情，已经一去不复返。人们既无法使历史重演，也无法回到逝去的年代，身临其境地去感受和体验当时的场景。因此，人们想了解和研究自己的过去，只能借助前人留下的各种『痕迹』。正是凭借这些『痕迹』，后人才可以追溯祖先的足迹，认识人类社会的各个发展阶段，进而探讨其历史发展的规律。前人留下的历史痕迹形式多样，除了传承下来的生活方式、手工技艺、实物遗存以及思想观念等外，还有大量的文献典籍。以文字符号为特征的文献传播，是一场巨大的社会进步，有力地推动了人类知识的积累与传承。中华典籍源远流长，浩如烟海。它们记录了中华文明的发展历程，也是中华文化的重要载体与组成部分！

武术是由华夏文明长期氤氲滋养而发展起来的传统人体活动方式，折射着漫长岁月里武林先辈的智慧和中华优秀传统文化的基本精神。多少年来，中华武术的价值取向、人文精神和活动样式，引起无数习武者『衣带渐宽终不悔』的折腰苦求，从而积淀了博大精深的文化载量和一以贯之的文化命脉，成为实现中华民族伟大复兴的重要基础。在蜿蜒的历史长河中，先辈们在为后人传承各种拳械技艺的同时，还留下了一批弥足珍贵的武术典籍。林林总总的武术典籍，有的辑录于各类官私文乘，也有的独立成册；有的付梓刊印，也有的传抄存世。但漫长的岁月荡涤与时代更迭，造成了大量武术图籍的流失和散佚。历史上，如汉书·艺文志中记录的剑道三十八篇和手搏六篇，南北朝时的马槊谱，以及明人汪伯言编撰的白打要诀六卷等，均已湮没在历史的尘埃中。宋人周密曾在齐东野语卷十二中有言曰：『世间凡物未有聚而不散者，而书为甚。』由于天灾、战乱以及人为毁坏等多种原因，历史长河里流传至今的武术文献可谓吉光片羽，为数不多，我们可于此窥得前代中华武术的技艺踪影，领略中华武术曾经的文化风采，所以武术文献典籍具有很高的学术价值。

二十世纪七十年代末，当时的国家体育运动委员会（以下简称『国家体委』）下发了一个有关武术挖掘整理工作的文件，并在稍后的一九八二年全国武术工作会议上，明确提出『做好武术挖掘整理工作』，随后成立专门机构，制定了至一九八五年底的武术挖掘整理工作计划。当时全国共有二十八个省、自治区和直辖市先后成立了武术挖掘整理工作小组〔一〕。历经三年，国家体委武术挖掘整理工作组共收到捐献的文献资料四百八十多本，古代兵器近四百件，相关实物三十余件，以及约四百小时的技术录像，充分反映出当时各界人士对于这次国家层面的武术挖掘整理工作的支持。针对其中捐献的文献资料，一九八六年时任国家体委武术研究院院长的徐才先生在全国武术挖掘整理工作总结表彰会上明确表示，要把这批文献资料收藏好、利用好，今后的工作重点是整理、研究，准备制订科研计划，以此提高武术研究水平，他还特别强调，『不能把这些宝贵资料放在柜子里尘封起来，要通过整理、

〔一〕徐才：徐才武术文集，人民体育出版社，一九九五，第二四页。

研究发表出来。』〔一〕

应该说，武术界广大人士在为这三年武术挖掘整理工作取得的成果感到高兴的同时，更为当时国家体委武术研究院领导提出的利用好这批武术文献资料的设想而深受鼓舞。因为，如果说农耕社会中传统武术的发展主要靠一种原发型的实践积累，那么进入近代社会后，其发展方式就要求转变为在理论观照下的主动推进。记得一九八六年四月，时任国家体委主任李梦华先生曾说过这样一段富有见地的话：『我国目前开展着四五十个体育项目的活动，其中包括武术。可以这样统计体育项目的数字，但这并不标志着武术位置是四十分之一或五十分之一。可不可以说它在体育中应占一半的位置。』〔二〕无疑，李梦华先生所谓的『一半』，当是指武术特有的历史文化。武术之所以不同于田径、体操、球类等运动项目而能单独成为一门具有自己的研究范畴和自成畛域的学术领域，也就在于它自身特有的历史人文背景。令人遗憾的是，长期以来的文献资料的匮乏以及相关研究的不足，已成为严重阻遏包括历史、文化在内的整个武术人文社会学科研究纵深发展的一个瓶颈，如不加以克服，显然不利于中华武术在新的历史条件下的发展；如长此以往，拥有『统之有宗，会之有元』的中华武术文化根脉就会逐渐发生动摇，中华武术的精神家园就会因此委顿！

众所周知，从事以历史学为基础的人文社会学科研究，文献史料是关键。对此，梁启超在中国历

〔一〕徐才：徐才武术文集，人民体育出版社，一九九五，第六一至六六页。
〔二〕徐才：徐才武术文集，人民体育出版社，一九九五，第九一页。

史研究法一书中曾有一个形象的比喻，他说，治玄学者与治神学者无须资料，不必以客观公认的事实为依据，而治科学者，无论是自然科学还是社会科学，『罔不恃客观所能得之资料以为其研究对象』，各学科也莫不将史料建设作为理论研究的首要任务。

近代以降，民国时期著名武术史学者唐豪编撰出版了他『殆费十余载』搜寻考订的中国武艺图籍考，该书对一些古代武术文献条分缕析，可谓是我国武术文献整理与研究的开山之作；国家体委于二十世纪五十年代，组织人力整理出版的七册中国体育史参考资料中也有部分关于武术史料方面的内容。但自此以后，武术典籍在相当长的时间里一直没有得到应有的重视，几乎成为一个武术界少有人问津、文史界又无人涉足的学术盲区。直至二十世纪八十年代中期，随着武术理论研究的展开，有关武术文献典籍的整理才引起一些学者的关注。如有人点校了戚继光的纪效新书（一九八八年），有人出版了正宗少林拳经（一九八八年）及增订手臂录（一九八九年），还有人整理、注释了太极拳谱（一九九一年）等。十多年中，武术文献典籍的出版数量有所增加，如山西科技出版社与北京科技出版社陆续出版了多种类型的武学丛书，如『老拳谱辑集丛书』『古拳谱丛书』『国术丛书』等，人民体育出版社出版了中国古典武学秘籍录（二〇〇六年）和易筋经四珍本校释（二〇一一年）等。尤其是二〇〇八年至二〇二四年间，由中国书店影印出版的民国国术期刊文献集成和百册之巨的中国武术大典，由台湾逸文武术文化有限公司影印出版的清代易筋经珍本汇辑和齐鲁书社出版的中国古代武艺珍本丛编（上、下辑）及明清武术典籍珍本辑释，二〇二四年初由北京体育大学出版社出版的民国武术文献选刊等，最为引人注目。应该说，这些武术文献的刊印对于武术文献的整理乃至相关研究所起到的作用，是不言而喻的，它们为武术学科的发展注入了新的活力。尽管以上诸书大多为文献汇集，系统整理者少，深入研究者更少，有些文本的校释还存在这样那样的不足，但任何学术领域的形成、成熟总有一个过程。值得肯定的是，武术文献的整理、研究在摆脱了长年的沉寂后终于有了启动。

对于现藏于国家体育总局武术研究院的四百多份本文，在二十世纪八九十年代，因研究之需，本人曾有机会阅览过两次。这批文本品相不一，按其形式分为刊印本与抄本两种，其年代横跨古代（清代）、近代（民国时期）和现代（一九五〇年后）三个时期。而其内容更为驳杂，其中大部分为记述各类拳械技法技理的拳谱图籍，也有早些时候各地出版的武术刊物，另有一些医治跌打损伤类的药方集，还有旨在强身的导引功法类汇辑，其中甚至夹杂数本诸如西洋拳术及空手道之秘诀等非武术类图籍。

文献典籍是中华文化的重要载体，它记录了中华民族的辉煌历程，并延续着中华民族的精神和文化血脉。然而，前代文献的种种价值，只有通过整理、阐释与研究才能得以体现，这是对『存储于原载体材料上的内容进行一次再转移与再迁徙』〔一〕，本身也是一个文本经典化的过程。对于国家体育总局武术研究院现藏的这批文献，也当作如是观。为此，本人曾以口头及书面形式，多次向国家体育总局武术研究院主管领导建议：尽快遴选有关专家来整理、注释这批文献，使其发挥应有的价值作用。经国家体育总局武术研究院领导认真研究，同意了本人的建议，决定点校四百多份文本中的抄本部分，

〔一〕耿相新：《中原文献整理史稿·序二》，载王钢《中原文献整理史稿》，中州古籍出版社，『序二』第三页。

并召集了包括本人在内的来自有关高校的一共六位专家，汇聚武术研究院，经过查阅、讨论，剔除十八份破损严重、字迹不清或无甚价值者，最后确定将甄选出的一百一十三份抄本纳入点校范围，同时委托北京体育大学出版社出版。两年后，除少数文本外，点校工作初步告一段落，国家体育总局武术研究院为此在河南登封嵩山少林寺武僧团培训基地召开了点校工作会议。

时光荏苒，数年后国家体育总局武术研究院有关负责人与我联系，希望能在之前选出的一百一十三份抄本的基础上精选出更具价值的文本，争取尽早完成点校工作，交付出版。接到任务后，我斟酌再三，确定重点点校一百一十三份抄本中的三十四份三十一种清抄本〔一〕，并题名曰『中国武术研究院院藏清抄本校释』。点校文本与点校方案经国家体育总局武术研究院领导同意后，即与郑州大学体育学院有关方面洽谈。之所以选择郑州大学体育学院来承担此项工作，是因为我五年来带领的该校课题组，刚顺利地完成了国家社科基金项目『明清少林武术古籍珍本的整理与研究』。〔二〕由这样一个较为成熟的学术团队来承担这项点校工作，质量上应该是有保证的。

在郑州大学体育学院领导的大力支持和全体团队成员的不懈努力下，中国武术研究院院藏清抄本

〔一〕三十四份清抄本，绝大多数留有年代信息，有的则由当时捐献地的相关部门出具证明，也有些无时间记录，而是依据抄本中图文风格判定，如少林拳棒枪刀谱、文武修等。

〔二〕这批明清少林武术古籍珍本，被齐鲁书社以『明清武术典籍珍本辑释』之名申报并成功入选二〇二二年度国家出版基金项目。该书于同年九月正式出版，并在二〇二三年五月荣获全国古籍出版社百佳图书（二〇二二年度）二等奖（该奖前身为『全国优秀古籍图书奖』），这也是武术学界在古籍整理出版方面的首次获奖。

校释历经十个多月时间，终于如期完成了。在讲好中国故事、弘扬民族文化、实现中华民族伟大复兴的今天，中国武术研究院院藏清抄本校释的付梓出版，当然有其多方面的社会意义。

首先，有清一代是武术发展史上的重要时期，也是古代各种武术著述蜂出并作的年代。通过对这批武术抄本的整理、注释，可以从一个方面梳理清代武术历史文化的基本概况，从而为今天的武术理论研究提供『考镜源流』的史料支撑。

其次，对于这批清代武术抄本的整理、注释，可以使中华武术的非物质文化遗产保护究竟应该『保护什么』更为清晰。同时，按照我国法律规定，武术文献本身也是中华武术非物质文化遗产保护的重要组成部分。因为『将古籍的保护纳入到非物质文化遗产的保护中非常重要，这将会形成一个完整的非物质文化遗产保护观』〔一〕，有利于非物质文化遗产项目的整体保护。

再次，这批清代武术抄本均为首次面世的珍本、孤本，具有很高的文献价值。这一方面极大地丰富了武术文献体系，对武术文献学的建立具有重要学术意义；另一方面，对相近的历史学、文化学、民俗学等研究，也有其自身的学术价值。

最后，按文献学要求对这批清代武术抄本进行整理、注释，其规模之大、内容之繁，在当代武术学术史上尚属首例。这既是对古代武术文献校释范式及学术路径的有益探索，同时也为推动武术文献学发展和繁荣我国武术理论研究起到积极作用。

〔一〕方李莉：应将古籍纳入『非遗』保护，中华读书报二〇一一年八月三十一日。

值得说明的是，在对这批清代武术抄本的校释过程中，发现有四个需要注意的地方，这恐怕也是不少清代武术抄本的共性问题：一是与传统的经、史、子、集图籍相比，这批武术抄本绝大部分无论是其版式还是绘图、书写，都显得较为粗陋，加上某些字体书写不规范，有些又过于潦草，故辨认较难；二是由于武术技艺是种动态文化，故抄本中记录的有些拳理技法今天可能已发生较大变化，有的甚至已失传，另外，文中夹杂的一些方言俚语及隐喻等，也较难理解；三是有些抄本中开列的药方，因条件所限，目前尚难甄别；四是由于在长年的流传中，一些抄本页码错乱的现象较为严重，需要参照其他相关文献加以校勘厘定。

『钩沉稽古，发微抉隐』的武术文献整理、研究是一项需要『坐冷板凳』的工作，这在武术界尚属起步阶段。所以，尽管课题组成员对此三十四份三十一种清代武术抄本本着打造『学术精品』的责任心反复核查、审阅，但必然存在一些舛误错谬之处及不尽如人意的地方，祈盼读者不吝教正，以共同推动我国武术文献学科及武术理论研究的不断成熟和进步！

周伟良

二〇二四年六月记于杭州寓所

校释凡例

一、本书整理、注释的中国武术研究院院藏清代武术抄本，均为首次面世的珍本、孤本，方法上难以用对校法进行互校，故而有的采用内容相同或相近的文本进行他校，也有的依据文中前后语义抉摘其异同；而对文中所著录的相关典籍资料，则采用原书进行核校。

二、所校释的每种文献都有一篇提要，简述有关该文本的版本特点、编撰（抄录）者基本情况及内容梗概等。

三、校释中所引用的符号：

（一）凡［ ］中的内容，为校勘出的脱文。

（二）凡（ ）中的内容，为对校勘出误文的修改。

（三）凡〈 〉中的内容，为校勘出的衍文。

（四）凡【 】中的内容，为原文本中的小字或注释。

（五）原文中所缺佚的文字，一律用□标出。

（六）如校释中文义相通而文字有异者，依原文本；如两文本文义相异，则在注释里予以说明。

（七）文本中的俗字、异体字，一律按今通用字，视情况酌情注明。

（八）对于文中难以辨识的字，则按原字剪贴注明。

四、对于一些抄本中的页码错乱现象，则按其前后内容及参考有关文献图籍予以厘定纠正。

五、本书在校释过程中所引用的今人研究成果，均注明其出处，以备查考；对于一般性古籍文献，为节省篇幅，仅注明年代、作者及文献名。

目录

张横秋先生拳法

提要

张横秋先生拳法，一册，封面有今人题写的『拳法底稿本』五字，右下方钤有『古塞书记』阴文章一枚。其后题署的『张横秋先生拳法【后附软门八法手】』谱名与『慎徽堂志』，以及『绩溪张横秋先生拳法』『乾隆伍拾肆年贰月』字样与『八大山人』阴文章，均为原谱所有。张横秋先生拳法正文共一百零五页，每页直书八行，另有三幅步法图。此谱于一九八六年由浙江省温州市的古塞捐献，现藏于中国武术研究院，院藏编号为G852.1-2。

谱中内容分前后两部分，不同字体抄录，应是后人将两者合订所致。前部分为张横秋先生拳法，字体为行草，较为规范，其内容与拳经拳法备要基本相同，但稍有出入，如有的文字不同，有的顺序有异。后部分为袖珍秘书，有二十多页，字体略显潦草，抄录者署名『祥标』，其内容有袖珍秘书序、袖珍十八法总诀歌、十八法诗解等，其中有的名称、内容与前部分相关，存在页码错乱的情况。此次点校，按内容对谱中的错乱页码进行了厘定。

张横秋先生拳法影印

拳法底稿本

張橫秋先生拳法

後附軟門八法手

慎嶶堂誌

張橫秋先生拳法

續溪張棱龜先生拳法

以上四十二頁仍有醉八仙十一手并長拳十六首删去

乾隆伍拾肆年貳月

日立

龍灣詹培抄

振梭穐拳法

張橫秋先生秘授跌打全書

且夫有文事者。必有武備。古德云之矣。余竊疑之。詩書武馬可並習乎。然自古及今。用武未始不關于以佐文也。此其說徵之古大聖人。軒轅氏作兵端。肇開。歷代多有之。蚩尤征而垂衣裳。有苗伐而舞干羽。湯放夏而揖寧。武克商而大定。周公討四国而洛營。孔子誅少正卯而魯治。帝王師相。莫不以鈇鉞而臻太平。非武佐文之明驗哉。慎毋以諸戎為末務。練習為細故也。然肄武莫先於習拳。而說者曰拳徒搏者也。何如器械之堅利。不知弓矢戈矛之能衛乎身。不能使身善為用也。何也。身與手不習也。手與器不慣也。不啻目為贅而心為悖也。欲其得心應手也亦難矣。惟拳有身法焉。步法焉。實武藝之根。操練之本也。一法不備。不足以精器。故欲精器者。必先練夫拳。夫拳何可以徒搏小之哉。蓋拳不一家。而各極其長。或善其掌焉。有順掌、反掌、拜掌、托掌、單掌、雙掌、鴛鴦掌之不一。或善於拳焉。於是有順拳、反拳、沖拳、攛拳、摽拳、圈拳、披拳、填拳、摩拳、拗拳之不齊。或善於肘焉。有順肘、反肘、直肘、橫肘、肘、斜肘、頂肘、擷肘、坐肘之不同。有善於膝焉。有左膝、右膝、撇膝、跪膝、頂膝、迎膝、縮膝、短膝之不等。或善於腿焉。有單腿、雙腿、撫腿、旋腿、踹腿、跺腿、躦腿（音攢，踏也）、短腿、撇腿、面腿、顛腿之各異。或善於身焉。有進身、退身、反身、順身、持身、躍身、偏身、閃身、伸縮身之各殊。或善于步為。有長步、短步、直步、橫步、閃步、點步、順步、反步、拗曲步、蹤步、挺步、竄步、君步、半步、趕步、偷步、雀步之不侔。而彼有所長。此有所短。未若跌、打、抓、掌之集大成者也。跌而不打則跌輕。打而又抓則打重。抓而不拿。則拿鬆。拿而又跌。則拿硬。若四時之錯行、而相資。如日月之代明而互用。形勢與人同。筋節与人異。所謂拳之上乘非邪。試言其手法。則憑虛而入。不攖人之力。乘時而進。適中彼之之竅。若僚之弄丸。如丁之解牛。遊刃而有餘。至於身法。重如泰山之壓頂。輕若鴻毛之飄遊。揚處花飛絮舞。變換處活虎生龍。若夫步也。具之。且言。難以覓蹤。亦長亦短。無能把捉。進則如排山倒海。退則如雨散風消。不圖為拳之至于斯也。用之習之。不須另尋書齋。別構爐錘。豈不偉乎。有餘裕矣。故曰習技莫先于習拳。余業儒也。而僻性好武。從拳操技。蓋有日矣。豈以謂有文事者必有武備耳。亦以身丁兵乱之世。必不能端章甫而治兵革。而謂之武能佐文之亦宜。矧古之大聖以之整亂。而比之碩儒碩不以之致治耶。余嘗錄拳經數百首。併附法械百法。編成一帙。曩出于分秧時灯下一夜之俚言。實在師陳松泉翁。少負俠氣。重攜金貲。遨遊海内。遍訪名家。猶神摹巧而成之者也。余不敢復切其善。亦不敢秘美。出而公之同人。以為登坛一助云尔。

張橫秋先生千金極訣

問曰勢雄脚不穩何也。答曰在勢去意留。

歌曰

勢若去兮要執狠。意放四時身步穩。
百骸筋骨一齊收。復手便順何須穩。

問曰弱可以敵强何也。答在偏閃騰挪。

歌曰

偏閃空費拔山力。騰挪乘虛任意入。
讓中不讓乃為佳。閃去翻來何地立。

問曰下盤勝上盤何也。答曰在伸縮虛實。

歌曰

由縮而伸帶靠入　以寬擊窄易爲加。

下盤兩足留在斯　撐拿托掌難与敵。

問曰斜行并内步何也。

答曰在避衝逃直。

歌曰

避冲非斜勢难當　逃直非内爲附防。

附拔用直急趕上　步到身傍跌見傷。

問曰裏界与外界何也。

答曰在圈裡圈外。

圈内裡自累打鬧　圈外自外累入来。

歌云

拳掌响处无间歇　骨節摧殘山也頹。

問曰勝長又勝短何也。答曰在捶上接下。

歌云

身長捶上正相宜。身短接下一般齊。

眼鼻心口腎囊上。不遭打損也昏迷。

問曰短打勝長拳何也。答曰在短兵易入。

歌云

長來短接慣入身。入身跌撲好驚人。

裏畧打開左右角。外畧打入窩裡尋。

問曰步法能勝人何也。答曰在用堅墮跪。

歌云

前足弯弓後足蹬。跪足加矢後足偏。

歌云

用肩推靠不敢搖。僅跪勾撞隨人變。

問曰身法能壓人何也。答曰在排山倒海。

歌云

一身筋力在肩頭。第靠隨來山也愁。

翻身用個倒海勢。縱然波浪也平休。

問曰拳法能克敵何也。答曰在彼竅導竅。

歌云

一身骨節有多般。百法收來於空間。

孰能精得其中妙。脉脉游刃有何難。

問曰掌起能百响何也。答曰在陰陽變化。

問曰拗挽能進身何也。

答曰在柔能勝剛。

歌云 陰變陽兮陽變陰。反捉順抱不容情。
外手纏來懷中出。兩手掰開進入裏。

歌云 拳當腿來勢難當。勾兮拌挽柔弄剛。
若人犯着勾挽法。進身橫托不須忙。

問曰膝能敵人何也。

答曰在上推下擊。

歌云 兩手相交亂攪擾。急心思到不盤傷。
橫推直撇應穴道。縱是英雄也着忙。

問曰輕勾能敵人何也。答曰在手不在足。

歌云

弔手牽人將跌顛。用足一勾跌自然。

足指妙在向身用。微ミ一縮坐天撤。

問曰跌法能倒人何也。答曰在乘虛因勢。

歌云

乘虛而入好用機。見勢因之跌更奇。

一跌不知何處去。千金重作似捷飛。

問曰拿法能奪人何也。答曰在反筋　骨。

膂力千觔真個奇。筋骨乘外任施為。

歌云

紧奪不可鬆鬆放。　神速牵来莫缓迟。

向曰抵法欲破作何也。　荅曰在便捷快利。

歌云

進退輕佻称便捷。　伸缩圆活快利向。

作破血流屡屡是。　措頸到處有疤痕。

向曰身法如何操持。　荅曰在收放捲舒。

歌云

常收時放是操持。　舒少捲多用更奇。

一發難收無变计。　不如常记在心頭。

向曰拳法何由得精。　荅曰在熟不在多。

歌云

拳法千般与萬般。何術精透无難。

須知秘要无差漏。一通機關不用談。

向答终

家傳秘訣

學拳之要。總不外乎身手足而已。人能按此法習練成熟。打為一片。無分上下左右。不論拳鎗棍射。莫不得心應手。何須別費神力。而意得其全。器者實是秘訣之家傳。如向無書言。只耳提面命。在上智者。必領神會意。以貫之。若中材以下之人。非朝習夕講。何能得以入其門。余不敢私其傳。秘其訣。與我同志者共之。幸毋以妄言罪我。庶幾有補于授受之益者乎。

訣曰刀對朝直刺拿拳。手平肩下腰宜堅。頭端面正眼勿閑胸開背合作貴偏。兩膝微彎腰齊下。後足着力前足懸。先柒後三分休拜出。搜手送去勢宜圓。左右兩傍均勻練。跟窩指蹻地莫粘。勢如坐馬腿緊夾。形似開弓腰下完。還有一個真口訣。氣下臍平小腹彭。練得熟時成一段。神清氣爽快無邊。此是呆立第一法。偏肉騰挪又要玄。步踏梅花須偷半。横沖直撞腰滿填。不動猶如文士立。一發疾如

萇離經

臨場切要

眼要分明。認勢、認手、認腿。身要貫活。宜側、宜斜、宜正。手要健利。或披、或削、或衝。步要輕固。若崗、若埠、若嶽。腿要飛騰。能高、能低能平。掌要快便。似雷、似電、似風。至於兩相對敵。拳腿交攻。正是身心擾亂之際。必要凝神定性。放出平生所學。方能取勝之着。又若交彼進我退。彼退我攻。彼急我緩。彼緩我靜。又在閒時習練精熟。臨敵無恐。要敢自然神清氣壯。不致手忙足亂。如果眼明練快。身硬練活。手足練捷。步堅練輕。腿重練飄。掌快快練便。饒他大聲喝我我不須驚。任彼狠拳打來。我我不須迎讓。從勢過略斜身步。雙雙輕舒必中。大凡對敵比並。要在觀隙而攻。乘虛而進。更欲膽大為最。搭搭、百般法竅。（非）習日練莫缺快便。一切機關不熟。說何以入神。說亦至華知言。識此一語千金。寧不深信乎。

拳法備要總訣

舒形立勢神填拳。掌按陰〻次第間。
察勢分明知躲閃。防身斜側識正偏。
進攻推托步偷半。拂打擒拿學貴全。
臨場欲不心手亂。閒居嘗舊讀茲篇。

身法指要

頭端面正手平分。直立身腰腿護陰。
斜立足分丁八字。勢如跨馬襯方形。

身足跟不浮身便穩。足指須蹻擺揮靈。
肘動脚跟同進退。肩捘腰襯臂齊行。
屈伸放縮隨舒卷。偏閃騰挪勢勢承。
練習常如寡敵衆。橫沖直撞莫留停。

手法指要

撐拳托掌若風煙。劈砍撇音敝擊也拿勢勢貴偏。
牽索送去御膺硬。勾撇累挽削披連。
三盤內外須純練。前後高低渾打全。

一日每間三年滿。出手如雷山也顛。

步法指要

兩膝微彎力自然。撐前屏後立便堅。
之從順内騰挪便。玄逕斜出反回圈。
翻復旋風肩平硬。膝雄跟踹（豎衮切，足跟也）帶勾腄。
起落指懸神化用。輕浮堅固步中玄。

眼法指要

兩眼睜睜若朗星。頭端審勢更分明。

照前顧後疾如電。展動周旋似轉輪。
觀定敵人身手足。乘虛攻擊快如神。
臨場對敵人難近。全在雙眸練得清。

氣法括要

緊閉牙關口莫開。口開氣泄力何來。
須知存氣常充腹。灌遍筋骨壯形嚴。
反復迴旋身展動。斂手休將氣放鬆。
終朝習練常如是。体堅勝似金剛胎。

百法同源

道在師傳學在專。其中奧妙最深玄。
拳法千般學不盡。機竅萬種卒難言。
總之熟銳能生巧。要々相承節々連。
諸般蹺用咸如是。一法疏通百法全。

道勿濫傳技戒輕施

費盡精神用盡心。百般砥礪始能成。
去暴鋤奸方展用。恃强逆理莫欺人。

張氏拳說

天下之善拳者。不勝種〻。何獨稱我徽郡張氏為最乎。亦有其說在焉。何也。蓋諸家之拳。得一節而不全。今夫上而遺其下。右手力而左手虛。身雖硬而足實弱。手忙腳亂。肩吐腰削。遵旧規而失傳。守死法而自錯。學模樣而不真。擺架式而自詐。間時跳躍飛拳舞腿。習成一家之美。觀對敵交鋒。扭胸扯髮。可為千古之笑談。豈有便捷快利之手。而無輕揚堅固之足。有進退偏內之身。而至筋節運氣之學。惟張氏之拳。使一手便於全身之用。習一節。已具衆技之能。身法手法足法。一氣和成。左盤右盤中盤。如珠貫串。前後照之、上下緊密。膀進而身腰齊到。拳打而肘肩並入。手快步穩。肩硬肥雄。跌打擒拿。異名而致。偏閃騰挪。適用而殊名。按天地人三才之數。皆四時節候八九之分。採陰伯生殺之權。察動靜虛實之情。審強弱多寡之理。寓奇正變化之神。出一手。而全身之力至。倫半步。而遍身

通雄。有硬鋭堅剛之實。兼快利便捷之鋒。有進退
冲擊之勢。常偏內騰那之幻。步若欲長丈餘可以
趕跌。步若收短寸許亦能疾。更讓中不讓不攻而攻。
身步齊到。手足共跟。形勢相像。筋節不同。身法如山之
重。手法如波之奔。腳如舟若篙。行如虎撲。龍騰。勢
勢相承。節節相生。此實拳家之妙。固非秘而不傳。非
傳而不真。尤在強志不已。砥礪精純之所成耳。奈何人
人習拳。於心貪而多學。功罕而少成。病在速效而会

舊迎新。朝秦暮楚。而心猿意馬。不專習練。東崇西尋。不務實際。愛慕虛名。以致自誤。何能通神。張氏聲名赫赫。誰不頌稱其法。然亦並無異能。難在于練習純熟之。是故一熟則便捷快利之餘。不求而身致運用變化之巧不假而自然。卷舒。不覺收放自然。斯道奧妙幽玄。吾家傳授。揣本窮源。而世人不識拳法有通化存神之。用妄道為能。動曰我是張家拳法云。

步法圖式

梅花步

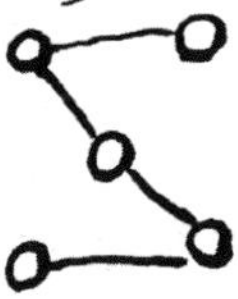

三角步

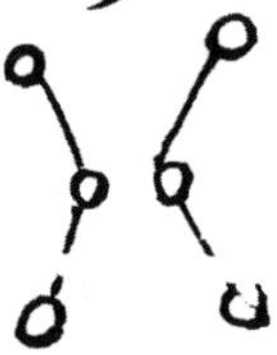

之玄步

之玄步說

步用之玄。其法最妙。其理最微。何也。敵我交時。力有大小。技有高低。人有利鈍。若不以偏、內、斜、側之法應之。則力小技低者受其制矣。余每深為後慮。因抉出步法二十四字。指示明白。庶使學者知其所從。橫、斜、側、內、進、退、上、直、反、復、順、逆、騰、那、偏、正、長、短、闊、狹、高、低、仰、縮、配成手法攻擊衝挨。勾挺披削。劈砍掛沖。捎挽牽摟。抓拿跌打。帶托撞摔。揵之以步為主。以手為用。蓋我之步既出偏內斜側。而敵之手已落虛空矣。前撞後摔。任我施為。左進右出。敵難把捉。若夫輕浮堅固。又在習練中之精微。而勾縮跳硬。又在運用之神妙。形勢不同。理法原一。備述詳言。總不外乎三角梅花步。貫之之言之謂歟。

裏外死手說

今夫拳者。非只一家。而各有深意存焉。名目最多。形勢勢異。節短勢多曰長拳。攻打靡定曰迷拳。飛騰便利曰猴拳。步趨蹁躚曰醉八仙。以及棉張呂洪四門短打。內翻合鎖行拳金鎗。種種不一。惟橫秋先生有心得。凡有七十二節。又分為裏外兩盤。名為死手者。惟其拳拳中窾。步步倒人。形若連環。勢如串珠。斷而復續。打中有跌。振裏便拿一峯手。一掇足。敵人則不能逃遁。逃遁而避其鋒。足與手既雄矣。身既堅矣。非步法之精熟。其能避其鋭。進其門入其盤也。是故習拳必先練步。步步必先詳明盤口。然後使手足身。一片錯成。任裏攻也。可外攻也。便。

夫盤口者。一盤分而為兩。兩分為三。三盤者。左也。右也。中也。以我左向而攻之謂之左。右向而攻之謂之右。當面而直進謂之中。神而明之。觸類而攻之。夫一拳有一盤之分。步亦微矣。習亦難也。殊不知其難也。總言之。梅花五步之法。

分言之。之字通懷之步。

左之

右之

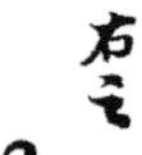

通懷中

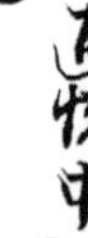

由是習之。難曰。云爭取。以敲人右肩出勢。左手打來。右足插進。我亦左以右足進。右手拈右肩。靠我得乘其虛。縱

外後以左手拗打入裏。其左盤也。倘敵人左肩向前出勢。左手。彼若足壓我。我々亦若以左足入左肩。托左手探我。我々因其空。自外以右手沖打破之。右盤也。若敵人正面相持。我則側身直撞。而不拘左右。左右皆為中盤也。此裏外死手秘訣之妙用也。

裏死手三十六節

窩裏砲

右手雙掌推出。左手拜抐齊來。欲將身步急閃開。

那曉填拳損害。只道拳進甚速。誰知那步跟來。窩裏砲響實奇哉。那是金剛難拆。

還勾手

右手披開右手。左手攔護香腮。還將右手就勾來。他手縱是起何在。旁頸一拳砍去。項上痛難挨。拜掌填拳透心懷。方知還勾利害。

滿堂紅

右手還推右手。右手即奔香腮。右手轉拳出胸懷。反

掌抱面急拜。可惜足立未定。填拳那步相推。兩手

乍揩實家都。方信堂紅可畏。

五橫手

左手把他右手。右拳望左肋衝。起處便是面顏紅。

着胸一肘直進。竪起鐵面金橋。拜掌填拳犯急。驚去

七魄与三魂。俱是神拳五橫。

纏捏手

手上加手推右。飛起掌奔耳腮。邊右打過邊左來。

左掌依然不空。右手一肘打進。豎起金橋面截。拜掌填拳入胸懷。方顯六平古怪。

硬崩手

右手砍他右手。左手急護香腮。右手撩海一拳來。須防左邊手害。左手腮邊遮進。右拳耳上直摧。硬崩手起好打害。

二便手

手起加手推出。眉心胸穴掌來。左上右下好安排。勢中常崇為佳。右手傍身工臉。讀拳隨即奔探。二便手起好雄威。縱敵千觔無碍。

換拜手

他人伸起左手。右手披出如雷。筋骨如剗實難捱。(拒也)早被胸前掌害。翻身欲倒在地。蹋拳那步跟。東場中君子休忽他。千金難換拜。

雙纏手

他人發出甚好。早被右手纏攪。左手急跟攔開了。一肘推胸不少。面横山根打。早被拜掌填拳分曉。雙便手見真奇巧。縱是石人也倒。

刀對鵲

右拳方後發出。右拳直撞二肩窩。反掌須向右邊捷。連進掌拳怎躲。若論右手來很。右邊三拳最多。對鵲打來沒奈何。任是英雄怕我。

勾攤手

右手直來攻我。將身偏閃入懷。兩手齊進。起緊追他。

須教節節難攔○方換進向○肘子膝回●○打拜掌填拳
奔入懷○始信勾攔利害○

元先手

手上加手推出○轉過掌來如風○右耳元至右耳根○胸
前一肘可恨○舉起鐵面金牆○拜掌填拳緊跟○若向
元先送手●楷常把人來輕弄○

披擅手

右手披開右手○左手急護香腮○須知右足蹈將來○

右出胸懷莫急。反掌捶他臉上。拜掌填拳相推。披

招神手寶喬扮。場上君子莫怪。

拳勾手

敵人拳來甚急。右拳望右勾來。左拳直挺撞香腮。

右手隨右奔脇。脇下方後吽痛。那知撩跌又來。拳勾手

兒好喬扮。將人撇跌（等）碍。

劈手打

左手勾他右拳。右拳直撣喉嚨。還拳反打右邊

胸。左右牵拳更進。人知乱拳滚打。那曉那竪踪。

縱有敵人鉄渾身。難逃劈手雙弄。

提肘打

雙手抓腰左進。左手下打陰囊。提肘順便把喉傷。

撜肘拜掌齊闖。左手填拳急進。右手肋骨有傷。

兩手千觔也難当。怎挨身見后鎚。

雙元光

他手雖也甚狠。那当四拳打来。雙〻元過左邊腮。

五二

受比毒魔ミ害。努力一时奔胸怀。贴面金橋更快。拜八丨
掌填拳緊挨。元先雙ミ堪愛。

陰進伯西

右手方絶擲下。右拳急ミ披来。須知左手一柄刷。右拳疾進
攻脇。一肘胸前難忍。誰想拳又冲腮。左邊打出血見来。
陰進伯出利害。

撩眉搗額

右手切開右手。左掌眉上撩礎。須知左上右下何。將不

右手穿差訛。当頂用力揮鞭门。氣閉難過。天庭地角兩邊磨。擒眉搗額害我。

劈手陰額打

左拳勾他右手。右拳急進撩陰。左拳起處望喉沖。左肩及拳着重。左右牽拳攻打。原來不離旧痕。劈手陰額有聲名〻教人牢寫遊衙。

撩陰搗法

右手方繞出勢。手上加手推他。左拳急〻。面上撓回。拜掌搷拳更相摧。撩陰揭胯可駭。

~~龜兒不出手~~

莫道龜兒不出。出時定是難當。人將右手打來忙。

左手按衲不放。右手打折手指。封拿者捲有放。半顛半跌

步難降。伸拳望面直撞。

蝴蜂鎖手

雙手分開雙手。右足踢肚腿來。左掌倒工反邊腿。莫

過額工順搗。拜掌摃拳奔胸懷。心前肚上打害。蝴蜂

鎖叚真個乖。將人跌作一塊。

絲纏還拳

拳來右肘橫架。左手來肘撥開。左手一拳望喉。推息承他手莫急。右肘攻心又進。金橋飛打鼻。歪拜掌填拳闖入懷。絲纏還拳可愛。

入門正行

他人正面攻打。左拳望左肋開。右手一拳對心。推左拳耳上打害。慢道右耳吃苦。左耳一撞難擋。兩耳一齊血湧來。入門一足行手害。

雙手引蝴蝶

右手方後伸出。手上加手奔開。右掌腕上樸下來。左掌沖天無碍。兩掌上下推。肉早又填拳胸拜。若周營裡是蝴蝶。雙雙引來堪愛。

頂胸肘

劈面拳來甚急。左手用力奔開。右肘藏脇入胸懷。一頂沖天疾快。他若左手右托。撇開撞肘心來。拜掌填拳一齊栽。鐵是銅身打害。

黄鶯雙磕耳

兩手抐開雙手。卯時齊奔耳內。方纔打得耳聾鐘。旋鼓胸前。早進仰身欲倒在地。誰知腦後填紅。勸君切莫愁。黄鶯雙雙磕耳難甦。

陽肚穿錢

敵人伸出右手。望我臉上奔來。好將右手一推開。千斤臂膊難禦。左手一拳呈進。右邊打過左來。陽肚穿錢實襪分。血常胸膛脹害。

小兒拚命

雙手抝開双拳。兩拳急進撩陰。復起掌來望面、
。沖那步紫山直搓。左掌方繞一拜。右拳上擊填胸。
渾身筋節練得精。便是小兒拚命。

揷腋封喉

右拳打來左拿。進身脇下横拳。也若左手來。破右
拳還勾砍腳。左拿左手左足。左拳直揷喉鼻。

右擬右手右足進。左拳脚下可穿。捶脇封喉披兩邊。賽過縣影神仙。

撩陰封臍

左手拿他右手。右拿勾他左肘邊。變拳直捶耳门前。右手撩陰似箭。轉身好用崇山頭。還有胸拴順便。右手乘下撩陰先。左手照臍一拳撩陰封臍拗莫纏。当着一下撞匾。

滾肘邊心肘

[redacted]敵人来至。我用右手拿。内身敵背後。看足勾疊他。右拳肚上着。左拳肩上埋。滚肘填胸進。復手揮下腰。敵若抽手托。翻身撞肘。該胸前揮一掌。足下好勾回。

烏龍獻爪

右手打来甚很。右手切他要重。復手從懷坐面從。敵若左手急来攔。我即随攔一削。稔。左手一拳肚一落。右手牵拳他怎忍。更上一步足骨他。抱肩一迫跌得底。

泰山壓頂

敵人手打來。雙手齊奔開。兩掌按下掃。胸堂早受災。他若走左邊。左進泰山跌。他若右邊、去。右手用披揭。掄進左右披。須知足眉跌。法保須上。拳泰山壓頂訣。

外死手三十六節

冷紐手

拳來左手緊扡。右拳脇下直攻。敵人平面要兩分。左手復下承重。若得回回勾足。那怕他人英雄。掙花手起使分明。到處當場賣弄。

纏砌手

拳來右手拿緊。左手正壓附中。左手承將要分明。右掌面上摸尋。右掌方後蓋下。左掌劈面來迎。纏砌手起勢威雄。一撐雙推亂滾。

膝搥手

兩手迫他手股大拳望脇直攻。左掌起處面顏紅。右掌復來要重。左手拿他右手。全憑掛下勾攻。勾謂勝搥人不驚。跌翻一場春夢。

陳搥手

右手拿他右手。旋封左手代他。右掌蓋上滿面花。一摸右邊直下。左掌依勢面拜。兩拳齊望月加陳搥手見實堪誇。恰是神仙傳下。

並繇手（小數金名）

起手雙搖著重。渾身兩力齊來。右手一肘奔心懷。
金橋山托好打。拜掌填拳相挨。氣閉胸堂受害。拉
鎍手起好排（安）。將人打作一塊。

雙攀手

左手拿住右手。右手便下撩陰。復起手來右邊承。右
掌左肩邊護。兩掌前後堵存心。右捶原來左稱。雙
攀手好笑情。還有雙推亂滾。

吊纏手

他人手來直進陽掌急拿反陰。先陽後陰左掌心。自過手回拳齊左。敵若用力强硬。吾有撻掌乞情一聲响起往後崩。方知吊像可敬。

雙揷花

敵人手發來到。兩掌內外夾攻。左進右出掌分明。須知右掌攪弄。兩掌一齊起發。誰防直奔耳门。左肘下撥右拳胸。雙揷花兒最勝。

分洗手

左掌推𠊱右手。右手急進推胸。鳳凰展翅向伯
分。從有臂内難動。左掌方後出懷。右掌随奔面
门。一時皮破血淋身。分洗手兒最重。

諸破手

右邊敵手急進。右手脇下旋拳。左手極力捶着
背腮。復拳從手後推。須知脇下勾回。左手打過右
耒。右手右臂捶進。我俱破壞中喝嘌。

鞭過手

拳来右膀緊迫。迫不可放鬆。左手横拳肚中。轉上承手莫遲。右附自邊胸力破。拜掌填拳使精。難迫附起信看神。勸君切莫輕進。

十字跌

敵人乱打来。我步十字進。更兼足骨化出跌最爲狠。進時不可遲。遲却無與用右掌急捧胸。左足勾相撇。若還慣用他。何怕人比並。

葉程藏桃

左手推開右手○右掌但上莫情○復起掌來手要雄○
左拳再還更進○

仙人踩影

他人右手打來○左手望右推開○內身皆没却左推倒
知右足蹬得○敵若恃强倒右○我即順勢旋推●還將
左足一勾來○踩影開賴跌莫怪○

老兒鋤田

右手拿他○大勢肘正中肘中○變拳沖破面顏紅

壓下須帶要重。右肘方被肘害。誰想拳又填胸。鄉

田之受寶為雄。勿謂老兒沒用。

獅子嘯天

敵人右揮香腮。將身向左閃開。翻轉雙披緊切。更復

二拳上推。胸拴旗鼓勢雄。雙手抱足跟仰跌。踴頂膝

廇不放他。獅子嘯天可愛。、

猛虎跳墻

右手來肘左手拿。右掌進去嘖上埋。量天尺破他。

左救七星拳好打眉穴。復下左手右托喉。二龍戲珠

左搭。左手拿住左。、膝肚上埋。

駿馬加鞭

左手打來右手推。復將右手切唇皮。左手打來左拿住。右手急打腮上齊。化若右挑我右破。打衣不勞不為往。肘上加肘。撐跌無疑。

側水拖舡

右拳從頸劈下。左拳從上推托。右手脇下填拳。左手挑肩

一摟。他若退後仰跌。右拳胸上直截。側身向右奔跳。趕上須進左足。順風跌倒一交。順水推舟不錯。

海底撈毬

右來右拿左打。左來左拿右打。右手拿他右手來。左足急進坐後。蹈左手牽開左手。來右足趕後須迫迫。

閃開進身。肩拖跌殺。

拖紅十字

右手打來右手推。左手橫拳攻脇。左手打來左拿他。

右拳去但直此。若是左手托右肘。右手下胲（音改，頦下曰胲）一揮。至于扯住我領肘壓自然身顙。

撓天撼地

拿右手。左揮上。左救左手右下揮。左手打來左手招。右手一拳肚上落。右封右勾左拳腰。閃身背後尚留足。回手三拳背心着。

觀音坐蓮

敲人右足香我左。好將身子往下墜。會我足跟若呼痛。

翻身右手撻左腿。步若蹬放鬆。上步進身撩。裹衣裹如裹難逃。左右雙剮。音寡

令公觸倒李陵碑

敵人右手疾打來。肉身背後推左推。左手擒腰右挫足。兩手着力直攻胲。他若轉身便坐肘。一頭直撞入胸懷。老令公。撞倒李陵碑觸懷。

鍾馗抹額

他人右手打來。我用左手承接。更進右足疊他右。右掌豈

額摸不還○有脉膂擺起○身手一齊力發○他若翻身旋

救解○隨用手掏足撻○

玄坛打恭

敵人雙手捶來○我用兩手一拜○即進左足玄骨○他左捶

香腮右抽○他若肉身右玄○隨將右足橫搭○右拳捶脇如風

快○須知右邊之拜○

霸王開弓

敵人出手如我用開弓勢○拿右手拿住左捶○他左[redacted]

手承回右拂。翻身一時遮進。撒手齊殘篇崇。寫打
殘敵其痛殺。霸王開万古怪。

馬武跟城

敵人雙手右砍來。閃身背後切莫呆。不用拳頭
并手掌。腰衣一跟彼必跌。若是力強身不動。翻
身一拳背上栽。馬武跟城之利害。

崔地穿龍

敵人上面手攻臉。將身縮下左足前。右手排化足後

踢。拗他膝頭左掌先。左足縮來右足直。難忍翻身跌仰天雀地穿龍那個饞。不義之人莫亂使。

順手牽羊

敵人拳來甚狠。雙手接着要緊。用力一扯順牽動。我先左足拴追。他若待力後退。那步揮拳傾蹶。縱身兩家受傷。順手牽羊可恨。

硬進單鞭

不向敵人手裏走。發我身左進車輪。劈下須要步旋風。右掌旁進同一法。敵若力大雄勝他。拜掌隨閃足勾撞。單鞭劈去肩手硬。纔是頑石也打塌。

環肘連珠

右手拿他右手。左手塌脅直攻。敵若抽回右手。右肘落入攢胸。頂肘撐肘一齊。沖横肘豎肘互用。更加一肘攢心雄。左右分明不空。

獅子擺樁

左手打來左擊。右手打來右迫。抽身指後從容立。收手拂把左右肩。腰间足力一膝。彼若翻身来救。對心一拳須庲。狮子拂樁最奇。名师托势不識。

翻江搗海

敵拳打来虽狠。我又不用拳迎。側身躲過左撞右。手急去撩陰。躲影神仙可用。葉裡藏桃過真。翻身左肘坐下。右拳搗海千金。縱是彼倍勇猛。一霎时间平静。

張橫秋先生跌打擲拿四撲法

敵人出拳勢來狠。我用雙手順拿緊。更加左足踩
他前左肩一追至前際。

拿手雙拿緊推開。別筋蹬下往後裁。先進右足
背他後右肩一追玉山頹。

右手將他右手拿。左足先去敵後截。更將右掌腮
下托。用肩一靠顛倒推。

左手推右內背後。隨將右手抱左肩。用臂撅起直

兩足。一交放倒面朝天。

左右拳来左右內。〻身背後下攻陰。兩手抱足用肩

拕。往前一交跌破臉。

不向拳来上下。側身直揷心窩。復手須防化救。左右

一樣無訛。

敵人右手砍来。我身坐後稍開。左拳肩上一揷。右拳

直搗胸懷。

敵人兩手亂打。面前難進。沖拳。左右內開攻脇肋。更

有足下勾纏。

敵人花勢甚展。却难当面進拳。内用旋風而入。

回手背心一拳。

高来打面甚狠。我身缩下一蹲。将拳望俏直揷。

靠山打起氣稔。

抓掌歌

練成十指硬如鉄。撮着些兒便見血。拿裡用抓

抓必狠。抓裏用拿々必跌。更加身步一齊攻。千

斤重体花蝴蝶。

解拿還拿法

人將我手压背後。左足踶後。須要緊。即用撐肘向胸推。常靠顛翻不能救。

人来背後抓我髮。我用右手拿他手急進左足後骨。他左肘推胸退跌驟。

人推我頭按過。他手揪足跟壓其後一。用頭觝膝步难移。努力一收跌得遠。

扭着衫領有正偏。左手拿右小摺邊。好將左足撥拴湊壓肘顛翻敵跌先。

扭住衫領直挺緊。側身雙抱他手穩。左足揮入敵胸前左肩一迫跌得狠。

敵用左手托我右。我用左手拿他左。拿住不放右打陰肘上加肘壓他手。

右手拿我右手。反勵向外难忍。翻身肋下擠過。我順他逆直挺。再加左手外掤。拔樹看花極穩。

擒住腰叟挟起。倒栽足板朝天。急将两足夹喉缠。

紧揉气闭难喘。更加两掌向地撑。仰跌一交之险。

人来背后一搂腰。摇臂好托阴敲。一栽君急拿卵与兵。[illegible]

下一种担捻。若还手队可入。面上一头不饶。昏天墨

地肩难起。眼光撩乱放了。

当面抱住手与腰。携及手坚拿。化衣袍。脸上一头一肩

一节萧。叠足须教跌一交。拜掌冲入怀中。现填

拳胸中不曾饶。

人將吊口搓我喉○我手壓他大指頭○力扯下來敵呼
叫痛○又將吊口執他仇○他若依我一樣解○一縮下來便脫手○
人來下盤捏陰囊○双手封喉急主張○最怨不法兮不能救我一时
忙○上下互救無差錯○撩開加頸兩相妨○
人來下盤托我足○未到須知用掌托○若是捏住緊難當○品
頭羊兒搭不錯○敵人頭硬不能擺○背上一拳急貫擲○
敵人慣用野猪龍腰○向一頭捷倒○人側身放過加一腳手作
梗一交跌被屠○若是側身單手及○或扠或推不差訛○

須附胸前直進來。急將身子一閃。々時即刻橫攢

入。累崩奔身切勿呆。敵若著躲不及破。掃閃

陰囊痛怎挨。

高提面上來。旋鼓十字接。不用推與架。硬進破自

跌。敲若急抽身。跟進雙披揭。更有閃雙

推。一身教自跌。

中腿手々來。左右切挽接。々甫及旋大小崩山跌。敲

若走左邊。々趕上一披揭。偏閃并騰挪。步々法々要捷

下盤腿踢來。我用懸足待。兩腿不相容。進步來

山跌。敵若把腿收。攢上一拳撩。頂肘望胸沖。

一交腰跌折。

鷹霧碧雲端

披揭雙披打下來。袖手收身使卸開。讓化勢過順

粘進。退教敵人倒跌回。

丟拳沖肘野豬跪。丟手閃身讓過空。讓化

勢過順勢纏。跌得敵人倒栽葱。

敵人兩手用空拳。雙手撥開化難前。一極裡還一極真

玄妙。披披躲影又一連。

敵人拳來勢很急。蹦跶卻出地勢。失順勢卻出順

勢進。披掛冲拳連不息。再加躲影內後抱跌

得敵人反勢自退。

敵人雙拳亂牽來。左右攤開右揮慌。兩手連攤牽

鑽手。拿拳橫拳哄（俗笑字）閃。截內開躲影後面至。

跌得敵人若癡呆。

敵人拳來勢难破。蹁跹卻出從空過。趕進披揭
披還披。再加躲閃往稼揲。
若遇拳來急当胸。右挽左摘卻過空。右掌迸面
太陽打。再加躲影往後攻。
敵人拳掌面上撲。順勢右托左手摘。躲過拳
頭斜（斜）去陽。藏桃躲影連齊挫。
敵若左拳搗小肚。左挽右拘卻勢過。迸起右肘坐
搗胸。又用躲影後面補。

○正掌

急救全凭正掌○拳来两手齐剁○让他势过便跌他○彼力千斤不怕○右手打来右进○左拳来到左加○蹬那偏内更堪夸○恰似神仙传下、

○鋤田帶纏历

右手纏拿右手○左拳劈面填胸○右掌急急上面去○左掌跟盖如风○又手一齐推进○右拿右劈前冲○左掌右掌右掌去○肩指压不放鬆方是鋤田有功○

〇頂肘連纏打
拳來勾裹披進〇頂胸挑脇撩〇後披連摘頂重〇
收披纏拿推胸〇左進纏掌推連〇右披頂挑
年〇嚴頂肘連纏上下攻〇雁教敵人難縱〇
〇上盤急救斜步躲影破打俱全
勢倒如山來驍勇〇斜步躲影〇挨身撥托纏〇攝上斜
步撥托●橫直推〇窠教來人就托滾〇左進持身幽
前用〇週回斜步〇連撥托送〇斜步躲影〇神仙妙

用。一破一打得其方。專用力雄人衆。

。中盤救急縮步窩那破打俱全

任他雙手到胸前。縮步推身脱卸復粘趕進後面攝。

搖連盡送。跌得敵人仰翔天。收回步法復仍舊安。

藏仙影躲依救提。周圍攝轉連身送。斜步斜

影救庄全。跟手攝轆最仙(神)。一破一打無間斷且須

分踪宗唱連。

。下盤救急賣步偏卸破打俱全

勢如奔馬下盤沖。急步連身搖掠空。撮手御勢復粘上。跌得敵人倒栽葱。急趁裹步連掃襟。剮進步。復推胸。右推趁身仍照舊。三雙砍。一推一符跌得敵人仰翻天。左進趁身燃尚用。週圍連搠砍藏鞭。帶膀双披鐵樣堅。一破一打一抓。雄風如電。

大全照影法神仙

勢倒如山打進來。斜步躲影。挨身攏托進。摟步躲影閃後裁。即步躲影番胸前。横步躲影對膀送。直步躲影劈胸裁。五樣躲影隨身用。跌得敵人若連敵。持身偏閃一樣打。踹跧周圍邊。四邊過法若要使得熟。還教場中得勝回。

。秘傳騰那偏閃錦囊

斜步挨身撥托。賣步偏身掃跌偏步窩身跌粘步貼身撇持。以上四樣秘傳。乃是名手仙着。任他机拳如飛。只須進身撇撲。臨場須用双推横沖直撞不錯。

止

績溪張檢穐先生拳法

以上四十二頁仍有醉八仙十一手[illegible]長拳十六首删去

袖珍秘書序

祥標錄

袖珍一書取義甚微蓋以人身爲太極以象爲天地身半以上主動身半以下主靜立根基而分陰陽次對針鋒而定對子午時開闔門戶進退出入方宜用浮沉吞吐必須天機活潑爲出入相錯綜不亂至若尋經開源務在筋脈流通以曲壓直以柔制剛貼身分左右勢較硬黏衣輕務護高低周抖用揮看去以立偏步不步出一進若撲出若捽切比没六田穗切聚直入之節終之旋

以援引撩撫披此均忌提標鞭頸兩性能清肩胸膊由
於敵勢乘擒拿摳扭莫所出嚴骨疏筋葉斷道者喪
熟此六法者中外周密彼莫測則除幼歷湖之遇肉林集
者相好談論旦夕頓悟者神但性躁情切岑寂未習今年
半節不肯揣摩將法則筆記以備後學者公之世矣
者傳因取各種珍寶神者藏之於手珍者秘而不露
庸者道多以護身保命不肖狂匪之徒致家亡戕身
禍也後學者誡能篤志務誠珍而秘之而不妄授匪人

以致归罪於余足则幸矣

袖珍秘书目录

太极　阴阳　子午　封闭　进退　浮沉　吞吐

圆流　寻推　斜落　粘靠　捶拔　捺撒　援引

拖抛　提搁　消纳　擒拿

袖珍十八法总诀歌

袖珍十八法　秘密少人知　太极归真经

阴阳变化机　全凭真子午　办别是兼机

沉（浮）為吞吐　圓滾易心隨　尋推要抖落
進退及封閉　粘黏帶捶擊　撲捽兩分歧
採引拖抛用　提擱消納居　擒拿真口訣
能看幾人知

十八法詩解　太極

一身猶太極　兩脚立根基　闊狹因長短　如山不可移
萬物各有理紬繹亦有至理存焉蓋以人身為太極
上身主動象於天下身主靜象於地所謂由太極而有

動靜而有變化者足下手工夫做來從高腳先立根基根穩而後可戰可守其定腳之法左右闊狹聽之身便總以步穩吃緊為是若履漁舟撒網任憑風浪敲撼身穩如山又如背負重物急急蹤跡實如定立兩腳看其方位即得真步法矣

陰陽

全軀三轉摺　上下分陰陽　動靜隨前後　砥柱鐵石樁

步立既定將身隨摺轉又將後膝伸挺向前半曲後下臂撒

起坐落身腰上半身属阳主动下半身属阴主静

两手八字阴阳护定左右前后身留在后不丁不八立定

产不乱动若要移步脚不可挈惟听前手移动前

脚后跟脚为磨心转动切莫离步位若要身未摆动

心法不真桩即不稳矣

子午

此两为子午　眼向对对针锋　两肩并两膝　上下总相合

步位立定或右向前俱以眼面肩膝扯伸身如针锋相对

方为己之真子午若当胸对人立脚不正则谓之死门也恐犯直冲羞捺而入之禁乎

封闭

门之牢封销　双关势不开　机械将动处　发手为春雷

子午既真门户即正门合封闭任我自便双掌向前封彼之手闭己之门看彼势来将及两手略差上下临机发动此以逸待劳之法或有从左右来者双手照应门户脚随手转总以所出之肩对出及彼心不拘左缩右

樁一樣立法双手同起牽步進揚以手顧胸膛若手抵彼手肉粘彼手則侯於核揿尋而急進此疾克運之法彼上翻下漏搖只反覆題隨搭拟摳推摸要活動

進退

欲知進與退　退敗進生多　進步追三攤　退一不能移

门户既正進退身便但進步切不可偏搖順步直進或左或右俱要步隨立正倚偏一着則為敗门至進

進亦要步三換切不可大步闊跳倘一步闊撓即不穩如退只有細滑切不可退一步滑一步則犯驚撓真入之敗

浮沉

浮如雲出岫　沉如石投江　左右牢相顧　坐腿把門藏

浮不可太高手不大遠腳不可大闊拳手飄散亦不在力惟聽其虛實彼虛即用援彼實即用沉但沉手

豁然務須實落其身其左要右或靜柔或勢退或

偷闪诈敢漏手随风扭搭追踪觅影不令彼脱而遇

雀跃猿猴之举此人必死尖猿近切宜谨防不可自

坐落

已穚步不须追追或须闭门户倚左右照顾

腿彼藏荷阴而撤个法任彼变化不能入我之门彼来进

步两手往上连身一挑我身一沉双手一压

吞吐

吞身为宜缩　吐手为蛇奔　鼓撼随风入　重轻左右分

敌势逼近手到胸膛怯骑身望下一缩上部已被封

剁連時肩落下用鎗法吐出直刺至陰鼓撐身手隨風柔入所至輕重左右惟從輕變拔捺則得至法矣

圍滚

出手剛柔濟　接節肘腕圍　粘衣為滚浪　貼身要生根

出手最忌直硬總要剛柔相濟大剛則犯彼欺手拖拖大柔則撐彼不動手一粘身肘腕圍滚在彼胸脯脚臂寄断矣實莫令彼脫彼退則借勢一送彼進即借勢一拖而借力此即粘衣隨鉄之法矣

尋推

尋風採手進　筋脉要流通　直硬為柔制　推摄見奇功、

尋必尋成　放索採彼之手听重軟硬自有圓通　活撥彼手

若來直硬將手滚轉出拖下壓翻藤听重椿動伸手即

入讓實從虛一推一抖　丁叶切打足

抖口訣

抖譬如牽鼎　托搭而皆然　敵勢將身閃　莫當看中偏

抖手陡然而起全在自己椿穩此法軟出硬牽如牽影托搭

之勢倘闪開翻手即落務要看依是中風偏風若中風即用滚手偏風即帯鞭砍捏探或双砍押勒如進者速用消納捏探之法

粘衣

出手防牽制　翻身即莫遲　粘身即落肘　衣吸在挪移

大凡出手半虛半直半软半硬最防牽制即欲翻騰務宜活動至於粘身即忙落肘衣被胸脯所丢虛實吸擅過兩手齊放摁以快捷為上

揷朵、即目錄揷枝

揷朵勢如鎗 拖拋切要防 粘身即發肘 收氣莫擋

揷是鎗鋒一法 離身須遠 拳不能到 故用五指直揷 然此手須要去得快 若揷不到身 彼用提攔拖拋則敗矣

撲捺 即目錄捺手

撲手如猛虎 迎風直入膛 拏手似割腹 怕捺要騰擋

撲手如猛虎撲人之勢 兩手直朴入胸膛 分開彼手往前

一拍一撥再看彼手在內在外在內自手速發緊防双桃漏搽托肘之弊倘彼托肘速用吞身法用吐手來出在外則推撥拍撥俱可因見

捽撒

捽撒看偏正以開作意以上中下三步手到定分明彼之門開橋鬆但看偏正直來即泛上中下三部俱可一齊用即捽彼偏来以我兩手兩撒綑攞左右皆合式看楞腳搶腿隨手虎口往彼頸下一捽或

以入我襠下速用双手往面裡去截彼前腳跟入我之襠下只用前腳膝在彼腳上一跪如有不揺肩樁已入怀中速用吞身法双手一撒

援引

敵勢偏風進　援閃左右防　引來須半出　切莫放鬆樁

援者以我手接彼之手候机閃速進一步後手一推引者彼未動我一手半出引去勢來入我中彼樁一動從勢直進自已切不可亂移

拖拋

此法兩家同　坐樁不多鬆　最擅肩用力　扭搭翻成功

拖拋二法四形象但有務要步順樁穩不但彼拖來不動我只隨手翻勝扭搭勢拖彼生机出手擺在肘脈之間運用心机切忌運肩出去恐防拖拉且肩力一動腰脈即不能活動上部空實不難拿彼借家力易被借家力難矣

提擱

敌手如鎗入左遮右提搁　跟踪防漏手　反掌照面还彼之铃凡入我胸膛我正顺乘势两手八字阴阳左右提右搁但凡提搁总宜半曲垂肘要翻滕圆滚方能遮面部胸膛又有专取漏手反掌伤我面门及尧椿逼吸者务须提防我腰取提彼即往下漏我即覆手跟随彼手彼下一搭从手一分前手反掌不照彼面门一擦出手一推

擒拿

擒拿須認穴 嵌骨即獲筋 其中真妙訣 等閑秘度人

擒拿之法要識穴道 人身骨節三百六十有五合周天之度數 筋脈貫通 氣穴連路 內通五臟六腑 外通四肢九竅 但由四大總筋管束一身筋骨 統攝元神 若從嵌定則人一身麻痺不能動 其妙訣在於陳文憲老師未傳

取名八法手

挽 揮也 推 吐也 援 取也 掇 搬也 牽 順也 捺 按也 逼 阻也 吸 吞也

心法 總主師 宜正 眼法 眼乘遊師 宜活诀 腰法身主 宜 身法 体副師宜活变
肩法 用之正師 遊接莫偏 手法 用之副師 不可偏沉 臀法 坐之主師 不宜上敛下存
步法 穩之副師 不宜乱移离主
内外两门上中下 踩彼随胸莫放鬆 的素傳面傳耳
頭左手右手 横挑右取中捞 脚搶腿 彼勢出存身
進步对心冲 搶拿任彼双丹手 取肥手弱自然鬆手
出空要主送將消纳 必須主將合 不可遠离尽力用
过里闲之總是空合出合归 飄然牵隨截占地步

西东手法口传心悟習能是混力通煉之吞声藏

身法休孝 狂匪招祸远

戲言 告白谨慎

张横秋先生拳法校释

张横秋先生拳法

张横秋先生秘授跌打全书

且夫有文事者，必有武备，古志之矣。余窃疑之：诗书戎马，可并习乎？然自古及今，用武未始不可以佐文也，此其说征之古大圣人。轩辕〔一〕氏作兵端肇开，历代多有之。蚩尤征而垂衣裳，有苗伐而舞干羽〔二〕，汤放夏〔三〕而辑宁，武克商〔四〕而大定，周公讨四国而洛营〔五〕，孔子诛少正卯而鲁治〔六〕。帝王师相，莫不以鈇（斧）〔七〕钺而臻太平，非武佐文之明验哉？慎毋以诘戎为末务，练习为细故也。

然肆武莫先于习拳。而说者曰：拳，徒搏者也，何如器械之坚利？不知弓矢戈矛之能卫乎身，不

〔一〕轩辕，黄帝名。史记·五帝本纪：「黄帝者，少典之子，姓公孙，名轩辕。」

〔二〕有苗伐而舞干羽，语出韩非子·五蠹，其曰：「当舜之时。有苗不服，……乃修教三年，执干戚舞，有苗乃服。」

〔三〕汤放夏，即夏桀被商汤流放的事件，在历史上被称为「商汤放桀」。

〔四〕武克商，即周武王击败殷商。左传·定公四年载：「昔武王克商，成王定之，选建明德，以藩屏周。」

〔五〕周公讨四国而洛营，乃指周公旦辅政时，讨平了管叔、蔡叔和霍叔等人勾结商纣之子武庚等反叛而建都洛邑之事。

〔六〕孔子诛少正卯而鲁治，语出尹文子·大道下，其曰：「孔丘摄鲁相，七日而诛少正卯。」

〔七〕鈇，据文义，当作「斧」字。

能使身善为用也。何也？身与手不习也，手与器不惯也，不啻目为营而心为悖也，欲其得心应手也，亦难矣。惟拳有身法焉，步法焉，实武艺之根，操练之本也。一法不备，不足以精器，故欲精器者，必先练夫拳。夫拳，何可以徒搏小之哉？第拳不一家，而各抎（擅）〔一〕其长。或善其掌焉，有顺掌、反掌、拜掌、托掌、单掌、双掌、鸳鸯掌之不一；或善其拳焉，于是有顺拳、反拳、冲拳、搟拳、横拳、圈拳、披拳、填拳、牵拳、拗拳之不齐；或善于肘焉，有顺肘、反肘、直肘、横肘、冲肘、斜肘、顶肘、顿肘、坐肘之不同；有善于膝焉，有左膝、右膝、撇膝、跪膝、顶膝、迎膝、缩膝、短膝之不等；或善于腿焉，有单腿、双腿、换腿、旋腿、踹腿、跟腿、躜〔二〕【音攒，踏也】腿、短腿、撇腿、面腿、颠腿之各异；或善于身焉，有进身、退身、反身、顺身、转身、跃身、偏身、闪身、伸缩身之各殊；或善于步焉，有长步、短步、直步、横步、闪步、点步、顺步、反步、拗曲步、踪步、挺步、实步、虚步、半步、赶步、偷步、雀步之不侔〔三〕。而彼有所长，此有所短，未若跌、打、抓、掌（拿）〔四〕之集大成者也。跌而不打，则跌轻；打而又抓，则打重；抓而不拿，则拿松；拿而又跌，则拿硬。若四时之错行而相资，如日月之代明而互用，形势与人同，筋节与人异。所谓拳之上乘非邪，试言其手法，

〔一〕抎，据文义，应为『擅』字之误。
〔二〕躜，音cuó，意为踏；音zuān，意为聚足，钻、穿或乱走动。根据原谱已注字意，此处应读cuó。
〔三〕侔，有相等之意。
〔四〕掌，据文义，应为『拿』字之误。

则凭虚而入，不撄人之力，乘时而进，适中彼之窍。若僚之弄丸〔一〕，如丁之解牛〔二〕，游刃而有余。至于身法，重如泰山之压，轻若鸿毛之飘。游扬处，花飞絮舞；变换处，活虎生龙。若夫步也，具之且玄，难以觅踪，亦长亦短，无能把捉。进则如排山捣（倒）〔三〕海，退则如雨散风消，不图为拳之至于斯也。用之，习之，不须另寻橐籥〔四〕，别构炉锤，岂不绰绰乎有余裕哉。故曰『习技莫先于习拳』。

余业儒也，而僻（癖）〔五〕性好武，从拳操技，盖有日矣，岂以谓有文事者，必有武备哉。正以身丁兵乱之世，必不能端章甫而治兵革，即谓之武能佐文也亦宜。矧〔六〕古之大圣，以之整乱，而今之硕儒，顾不以之致治哉。余尝录拳经数百首，并附诸械百法，编成一帙。虽出于分袂〔七〕时灯下一夜之俚言，实吾师陈松泉翁，少负侠气，重携金资，遨游海内，遍访名家，描神摹巧而成之者也。余不敢没其善，亦不敢私其美，出而公之同人，以为登坛一助云尔。

〔一〕僚之弄丸，即宜僚之弄丸，语出庄子·徐无鬼。

〔二〕丁之解牛，即庖丁解牛，语出庄子·养生主。

〔三〕捣，据文义，应为『倒』字之误。

〔四〕橐籥，古代冶炼用于鼓风吹火的器具，这里喻指方法、捷径，与下句『别构炉锤』相应。

〔五〕僻，据文义，当作『癖』字。

〔六〕矧，有况且之意。

〔七〕分袂，有离别之意。

张横秋先生千金秘诀〔一〕

问曰：势雄脚不稳，何也？答曰：在势去意留〔二〕。

歌曰：势若去兮要执〔三〕狠，意放〔四〕四〔五〕时身步稳。百骸筋骨一齐收，复〔六〕手便顺何须愁。

问曰：弱可以敌强，何也？答曰：在偏闪腾那（挪）〔七〕。

歌曰：偏闪空费拔山力，腾那（挪）乘虚任意入。让中不让乃为佳，闪〔八〕去翻来何地立。

问曰：下盘胜上盘，何也？答曰：在伸缩虚实。

歌曰：由缩而伸带靠入，以实击虚易为力。下盘两足管在斯，撑拿〔九〕托掌难与敌。

问曰：斜行并闪步，何也？答曰：在避冲逃直〔一〇〕。

〔一〕张横秋先生千金秘诀，蟫隐庐本拳经拳法备要（后文凡引此书，简称拳经拳法备要，不再注明版本）作「问答歌诀二十款悉尽其中之秘」。

〔二〕留，拳经拳法备要作「来」字。

〔三〕执，拳经拳法备要作「猛」字。

〔四〕放，拳经拳法备要作「旋」字。

〔五〕四，拳经拳法备要作「回」字。

〔六〕复，拳经拳法备要作「后」字。

〔七〕那，据文义，当作「挪」字。后同。

〔八〕闪，拳经拳法备要作「开」字。

〔九〕拿，拳经拳法备要作「拳」字。

〔一〇〕在避冲逃直，拳经拳法备要作「在避直逃冲」。

歌曰：避冲非〔一〕斜势难当，逃直非闪焉能防。肘横用直急赶上〔二〕，步到身傍跌见伤。

问曰：里裹与外裹，何也？答曰：在圈里圈外。

歌云：圈内（里）里自（自里）裹打开〔三〕，圈外自外裹入来。拳掌响处无间歇，骨节摧残山也颓。

问曰：胜长又胜短，何也？答曰：在插上按下。

歌云：身长插上正相宜，身短按下一般齐。眼鼻心口肾囊上，不遭打损也昏迷。

问曰：短打胜长拳，何也？答曰：在短兵易入。

歌云：长来短接惯〔四〕入身，入身跌拨好惊人。里裹打开左右角，外裹打入窝里寻。

问曰：步法能胜人，何也？答曰：在用坚堕跪。

歌云：前足〔五〕弯弓（兮）〔六〕后足〔七〕箭，跪〔八〕足如矢后足线。用肩推靠不能摇，坠跪勾挞随人变。

问曰：身法能压人，何也？答曰：在排山倒海。

〔一〕非，拳经拳法备要作「飞」字。

〔二〕肘横用直急赶上，拳经拳法备要作「用横用直急起上」。

〔三〕圈内里自裹打开，拳经拳法备要作「圈里自里裹打开」，当是。

〔四〕惯，拳经拳法备要作「易」字。

〔五〕足，拳经拳法备要作「脚」字。

〔六〕弓，据文义与拳经拳法备要，应为「兮」字之误。

〔七〕足，拳经拳法备要作「脚」字。

〔八〕跪，拳经拳法备要作「前」字。

歌云：一身筋力〔一〕在肩头，带靠陡〔二〕来山也愁。翻身用个倒海势，纵然波浪也平休。

问曰：拳法能克敌，何也？答曰：在披窍导窾〔三〕。

歌云：一身骨节有多般，百法收来无空间。孰能精得其中妙〔四〕，恢恢游刃有何难。

问曰：掌起能〔五〕百响，何也？答曰：在阴阳变〔六〕化。

歌云：阴变阳兮阳变阴，反拖顺抱〔七〕不容情。外手〔八〕缠来怀中出，两手搬（搬）〔九〕开奔入〔一〇〕丛。

问曰：拗挽〔一一〕能进身，何也？答曰：在柔能胜刚。

歌云：拳发腿来势难当，勾兮并挽柔弄〔一二〕刚。若人犯着勾挽法，进身横托不须忙。

〔一〕力，拳经拳法备要作『节』字。
〔二〕陡，拳经拳法备要作『从』字。
〔三〕窾，有空隙之意。拳经拳法备要作『窍』字。
〔四〕熟能精得其中妙，拳经拳法备要作『谁能熟透其中妙』。
〔五〕能，拳经拳法备要作『可以』。
〔六〕变，拳经拳法备要作『幻』字。
〔七〕抱，拳经拳法备要作『托』字。
〔八〕外手，拳经拳法备要作『手外』。
〔九〕搬，据文义与拳经拳法备要应为『搬』字之误。后同。
〔一〇〕入，拳经拳法备要作『身』字。
〔一一〕拗挽，拳经拳法备要作『勾挠』。
〔一二〕弄，拳经拳法备要作『胜』字。

问曰：膝〔一〕能〔二〕敌人，何也？答曰：在上推下击〔三〕。

歌云：两手相交乱扰攘，无心思到下盘伤。横推直撇应穴道〔四〕，纵是英雄也着忙。

问曰：轻勾能敌人〔五〕，何也？答曰：在手不在足。

歌云：承手牵人〔六〕将次颠，用足一勾跌〔七〕自然。足指（趾）〔八〕妙在向〔九〕身用，微微一缩望天掀。

问曰：跌法能倒〔一〇〕人，何也？答曰：在乘虚因〔一一〕势。

歌云：乘虚而入好用机，见势因之跌更奇。一跌不知何处去，千金（斤）〔一二〕重体似捷（蝶）〔一三〕飞。

〔一〕拳经拳法备要在『膝』字前有一『用』字。
〔二〕能，拳经拳法备要作『可以』。
〔三〕在上推下击，拳经拳法备要作『在推上击下』。
〔四〕横推直撇应穴道，拳经拳法备要作『横直撇膝因穴道』。
〔五〕轻勾能敌人，拳经拳法备要作『轻勾可以倒人』。
〔六〕人，拳经拳法备要作『来』字。
〔七〕跌，拳经拳法备要作『边』字。
〔八〕指，据文义，当作『趾』字。后同。
〔九〕向，拳经拳法备要作『勾』字。
〔一〇〕倒，拳经拳法备要作『颠越』。
〔一一〕因，拳经拳法备要作『用』字。
〔一二〕金，据文义，应为『斤』字之误。
〔一三〕捷，拳经拳法备要作『蝶』字，当是。

问曰：拿法能夺人，何也？答曰：在反筋□（偏）[一]骨。

歌云：膂力千觔（斤）[二]真个奇，筋骨乖舛任施为。紧夺不可松松放[三]，神速[四]牵来莫钝迟。

问曰：抓法能破体，何也？答曰：在便捷快利。

歌云：进退轻佻（跳）[五]称便捷，伸缩圆活快利间。体破血流屡屡是[六]，指头到处有疤痕[七]。

问曰：身法如何操持？答曰：在收放卷舒。

歌云：常收时放是操持，舒少卷多用更奇。一发难收[八]无变计，不如常记在心头。

问曰：拳法何由得精？答曰：在熟不在多。

[一] 此处缺一字，拳经拳法备要作『偏』字，当是。

[二] 觔，古文中同『筋』或『斤』。在此谱中，据文义，当作『斤』字。后同。

[三] 紧夺不可松松放，拳经拳法备要作『紧拿不许松松放』。

[四] 速，拳经拳法备要作『迷』字。

[五] 佻，据文义与拳经拳法备要，应为『跳』字之误。

[六] 屡屡是，拳经拳法备要作『红点点』。

[七] 疤痕，拳经拳法备要作『痕斑』。

[八] 收，拳经拳法备要作『留』字。

歌云：拳法千般与万般，何能精透无〔一〕疑难。须知秘要无差漏，一熟机关不用谈〔二〕。

问答终

家传秘诀

学拳之要，总不外乎身、手、足而已。人能抉出此法，习练成熟，打为一片，无分上下、左右，不论拳、枪、棍、射，莫不得心应手，何须别费神力！而意得其全器者，实是秘诀之家传也。向无书旨，只耳提面命。在上智者，必须领神会意以贯之；若中材以下之人，非朝习夕讲，何能得以入其门？余不敢私其传，秘其诀，与我同志者共之，幸毋以妄言罪我，庶几有补于授受之益者乎。

诀曰：

刀对朝直刺牵拳，手平肩下腰宜坚。头端面正眼勿闭，胸开背合体贵偏。

两膝微弯腰齐下，后足着力前足悬。靠后三分休拜出，拽手送去势宜圆。

左右两傍（旁）〔三〕均匀练，跟实指（趾）跷地莫粘。势如坐马腿紧夹，形似开弓腰下先。

还有一个真口诀，气下脐平小腹膨。练得熟时成一段，神清气爽快无边。

〔一〕无，拳经拳法备要作『没』字。

〔二〕不用谈，拳经拳法备要作『用不完』。

〔三〕傍，据文义，当作『旁』字。

此是呆立第一法，偏闪腾那（挪）也要言。步踏梅花须偷半，横冲直撞腰满填。
不动犹如文士立，一发疾如箭离弦。

临场切要

眼要分明，认势、认手、认腿；身要员（圆）[一]活，宜侧、宜斜、宜正；手要健利，或披、或削、或冲；步要轻固，若岗、若埠、若嶷[二]；腿要飞腾，能高、能低、能平；掌要快便，似雷、似电、似风。至于两相对敌，拳腿交攻，正是身心扰乱之际，必要凝神定性，放出平生所学，方无败北之羞也。若夫彼进我退，彼退我攻，彼急我缓，彼缓我静，又在间时习练精熟，临敌无妄，其能自然神清气壮，不致手忙足乱。如果眼明练快，身硬练活，手足练健，步坚练轻，腿重练飞，掌快练便，饶他大声唱我，我不须惊，任彼狠拳打来，我也不须迎，让他势过，略斜身步，双双轻舒必中。

大凡对敌比并（拼）[三]，要在观隙而攻，乘虚而进，更欲胆大为最。总之，百般法窍，非习练莫能快便。一切机关不熟，说何以入神？说与吾辈知音，诚然一语千金，宁不深信乎。

[一] 员，据文义，当作『圆』字。
[二] 文中的『岗、埠、嶷』三字，均喻指步法的轻固。
[三] 并，据文义，或为『拼』字之误。后同。

拳法备要总诀〔一〕

舒形〔二〕立势神填拳，掌按阴阴（阳）〔三〕次第间。察〔四〕势分明知躲闪，防身斜侧诚正偏〔五〕。

进攻推托步偷半，插打撇〔六〕拿学贵全。临场欲不〔七〕心手乱，闲居发奋读兹〔八〕篇。

身法指要

头端面正手平分，直立身腰腿护阴〔九〕。斜立足分丁八字，势如跨马拽弓形。

身【足】跟不浮身便稳，足指（趾）须跷摆插〔一〇〕灵。肘〔一一〕动脚跟同进退，肩投腰衬臀齐行。

〔一〕拳法备要总诀，拳经拳法备要作『拳法备要总歌诀』。

〔二〕形，拳经拳法备要作『衫』字。

〔三〕阴，据文义与拳经拳法备要，应为『阳』字之误。

〔四〕察，拳经拳法备要作『审』字。

〔五〕诚正偏，拳经拳法备要作『识端偏』。

〔六〕撇，拳经拳法备要作『搬』字。

〔七〕临场欲不，拳经拳法备要作『欲不临场』。

〔八〕兹，拳经拳法备要作『斯』字。

〔九〕直立身腰腿护阴，拳经拳法备要作『直竖身昂腿护阴』。

〔一〇〕插，拳经拳法备要作『捉』字。

〔一一〕肘，拳经拳法备要作『脚』字。

屈伸放缩〔一〕随舒卷，偏闪腾那（挪）势势承。练习常如寡敌众，横冲直撞莫留停。

手法指要

撑拳托掌若风烟，劈砍掫【音陬，击也】拿〔二〕势贵偏。牵来送去〔三〕脚管硬，勾撇〔四〕裹挽削披连。

三盘内外须纯练，前后高低浑打全。一日无间三年满〔五〕，发手如雷山也颠〔六〕。

步法指要

两膝微弯力自然，撑前箭后立练坚。之从顺闪腾那（挪）便〔七〕，玄径〔八〕斜出反回圈。

翻复旋风肩平硬，膝雄跟踹【竖衮切，足跟也】带勾臁。跟落指（趾）悬神化用，轻浮坚固步中玄。

〔一〕屈伸放缩，《拳经拳法备要》作『反伸复缩』。

〔二〕劈砍掫拿，《拳经拳法备要》作『劈欲抓拿』。

〔三〕牵来送去，《拳经拳法备要》作『挺去牵来』。

〔四〕撇，《拳经拳法备要》作『搬』字。

〔五〕一日无间三年满，《拳经拳法备要》作『一日无闲三岁满』。

〔六〕发手如雷山也颠，《拳经拳法备要》作『包能发手倒山巅』。

〔七〕便，《拳经拳法备要》作『步』字。

〔八〕径，《拳经拳法备要》作『经』字。

眼法指要

两眼睁睁若朗星，头端审势更分明。照〔一〕前顾后疾如电，展动周施（旋）〔二〕似转轮。觑这（定）〔三〕敌人身手足，乘虚攻击快〔四〕如神。临场对敌人难近，全在双眸练得清。

气法指要

紧闭牙关口莫开，口开气泄力何来？须知存气常充腹，灌通筋骨壮形骸。反复回旋身展动，煞手休将气放怀。终朝习练常如是，体坚胜似金刚胎〔五〕。

百法同源

道在师傅学在专，其中奥妙最深玄。〔六〕拳法千般学不尽，机关万种卒难言。

〔一〕照，拳经拳法备要作『点』字。

〔二〕施，据文义与拳经拳法备要，应为『旋』字之误。

〔三〕这，据文义与拳经拳法备要，应为『定』字之误。

〔四〕快，拳经拳法备要作『法』字。

〔五〕体坚胜似金刚胎，拳经拳法备要作『体质坚牢胜铁胎』。

〔六〕『道在师傅学在专，其中奥妙最深玄』，拳经拳法备要作『个中奥妙在深玄，道在师传学在专』。

总之熟锐（便）〔一〕能生巧，处处相承节节连。诸般跪（诡）〔二〕用咸如是，一法疏通百法全。〔三〕

道勿滥传技戒轻施

费尽精神用尽心，百般砥砺始能成。去暴锄奸方展用〔四〕，恃强逆理莫欺人。

张氏拳说

天下之善拳者，不胜种种，何独称我徽郡张氏为最乎？亦有其说在焉。何也？盖诸家之拳，得一节而不全，舍夫上而道其下，右手力而左手虚，身虽硬而足实弱，手忙脚乱，肩吐腰削，遵旧规而失传，守死法而自错，学模样而不真，摆架式而自诈，问时跳跃，飞拳舞腿，习成一家之美观，对敌交锋，扭胸扯发，可为千古之笑谈。虽有便捷快利之手，而无轻扬坚固之足；有进退偏闪之身，而无筋节运气之学。惟张氏之拳，练一手便有全身之用，习一节已具众技之能，身法、手法、足法一气和（呵）〔五〕成，左盘、右盘、中盘，如珠贯串，前后照应，上下紧密。脚进而身腰齐到，拳打而肘肩并入，手快

〔一〕锐，据文义与拳经拳法备要，疑为『便』字之误。

〔二〕跪，据文义，疑为『诡』字之误，这里喻指巧妙之意。何松雪校勘本张氏短打拳（后文凡引此书，简称张氏短打拳，不再注明版本）作『器』字。

〔三〕拳经拳法备要无此句。

〔四〕去暴锄奸方展用，拳经拳法备要作『剪暴锄奸方可用』。

〔五〕和，据文义，应为『呵』字之误。

步稔（稳）〔一〕，肩硬腿雄。跌打擒拿，异名而□（一）〔二〕致；偏闪腾那（挪），适用而殊名。按天、地、人三才之数，贯四时节候八九之分，操阴阳生杀之权，察动静虚实之情，审强弱多寡之理，寓奇正变化之神，出一手而全身力至，偷半步即遍身通雄。有硬锐坚刚之实，兼快利便捷之锋；有进退冲击之势，带偏闪腾那（挪）之分。步若放长，丈〔三〕余可以赶跌；步若收短，寸许亦能变更。让中不让，不攻而攻，身步齐到，手足共跟，形势相像，筋节不同。身法如山之重，手法如波之奔，脚如弓若箭，行如虎扑龙腾，势势相承，节节相生。此实拳家之妙，固非秘而不传，非传而不真，尤在强志不已，砥砺精纯之所成耳。

奈何今之习拳者，心贪而多学，功罕而少成，病在速效，而舍旧迎新，朝秦暮楚，而心话无凭，不专习练，东索西寻，不务实迹，爱慕虚名，以此自误，何能通神？张氏声名赫赫，谁不颂称其法，然亦并无异能，惟在于练习纯熟也。是故，一熟则便捷快利之锋，不求而身致运用，变化之巧，不攻而自能卷舒，不觉收放自然。斯道奥妙幽玄，吾家传授，揣本穷源。而世人不识拳法有过化存神〔四〕之用，妄道为能，动曰『我是张家拳法』云。

〔一〕稔，据文义，应为『稳』字之误。

〔二〕此处缺一字，据文义，应为『一』字。

〔三〕清尺分为裁衣服尺，一尺约为35.5厘米；量地尺，一尺约为34.5厘米；营造尺，一尺约为32厘米，谱中长度均按照营造尺每尺约为32厘米计算，一寸约为3.2厘米，一丈约为3.2米。（丘光明：中国古代度量衡，商务印书馆，一九九六，第一二九页。）

〔四〕过化存神，语出孟子，原意为圣人所到之处，人民无不被感化。

步法图式

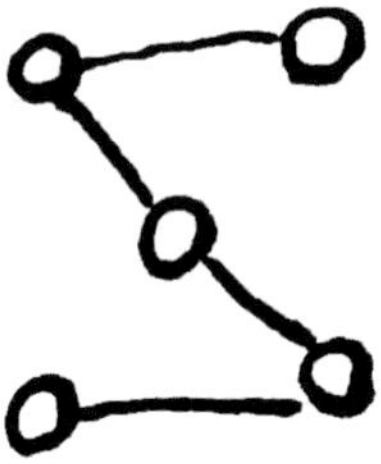

梅花步

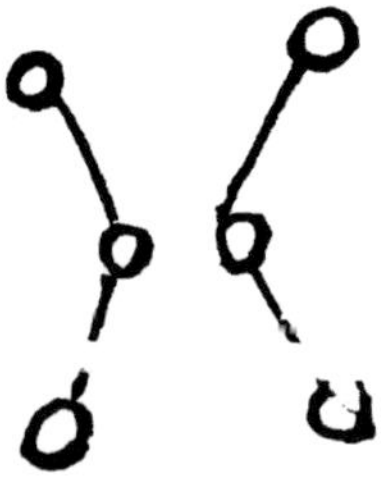

三角步

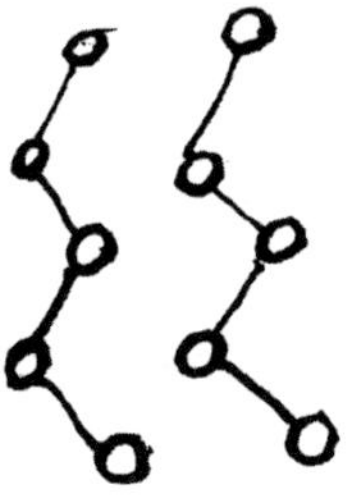

之玄步

之玄步说

步用之玄，其法最妙，其理最微，何也？敌我交时，力有大小，技有高低，人有利钝。若不以偏、闪、斜、侧之法应之，则力小技低者受其制矣。余每深为后虑，因抉出步法二十四字，指示明白，庶使学者知其所从。横、斜、侧、闪、进、退、上、直、反、复、顺、逆、腾、那（挪）、偏、正、长、短、阔、狭、高、低、仰、缩，配成手法，攻击、冲挨、勾掤（搬）、披削、劈砍、挂冲、抐[一]挽、牵接、抓拿、跌打、靠托、撞插，总之以步为主，以手为用。盖我之步既出，偏闪、斜侧，而敌之手已落虚空矣。前撞后插，任我施为；左进右出，敌难把捉。若夫轻浮坚固，又在习练中之精微，而勾绾跪硬，

〔一〕抐，康熙字典注为『按物水中』，即按住之意。（张玉书、陈廷敬等编撰康熙字典，康熙五十五年闰三月十九日，哈佛大学汉和图书馆珍藏本，卯集中手部四画二十六。）

又在运用之神妙也。形势不同，理法原一。备述详言，总不外于三角梅花步，其『之玄』之谓欤。

里外死手说

今夫拳者，非只一家，而各有深意存焉。名目最多，形势亦异。节短势多曰『长拳』，攻打靡定曰『迷拳』，飞腾便利曰『猴拳』，步趋蹁跹曰『醉八仙』，以及棉（绵）[一]张、吕洪（红）[二]、四门短打、闪翻[三]、合锁、行拳、金枪，种种不一。惟横秋先生有心得，凡有七十二节，又分为里外两盘。名为死手者，惟其拳拳中窍，步步倒人，形若连环，势如串珠，断而复续，打中有跌，抓里便拿。一举手，一投足，敌人则不能逃遁而避其锋。虽然手既雄矣，身既坚矣，非步法之精熟，安能避其锐，进其门，入其盘也？是故，习拳必先练步，练步必先详明盘口，然后使手足身一片镕（熔）[四]成，任里攻也可，外攻也便。夫盘口者，一盘分而为两，两分为三。三盘者，左、右、中也。以我左向而攻之，谓之左；右向而攻之，谓之右；当面而直进，谓之中。神而明之，触类而攻之。夫一拳有一盘之分，步亦微矣，习亦难也。殊不知无难也。

〔一〕棉，据文义，疑为『绵』字之误。

〔二〕洪，据文义，应为『红』字之误。『吕红』一名，见纪效新书，其称『吕红之八下』。（戚继光：纪效新书，马明达点校，中国武术协会审定，人民体育出版社，一九八八，第三〇八页。）

〔三〕闪翻，或为纪效新书中所记之『八闪翻』。（同上。）

〔四〕镕，据文义，当作『熔』字。

总言之，梅花五步之法；分言之，之玄、通怀之步，【左之】，【右之】，【通怀中】。由是习之，难曰云乎哉？如敌人右肩出势，左手打来，右足插进，我亦应以右足进，右手招，右肩靠，我得乘其虚，从外后以左手攻打入来，其左盘也。倘敌人左肩向前，出势左手，彼前足管我，我亦应以左足入左肩，拖左手架我，我因其空，自外以右手冲打破之，右盘也。若敌人正面相持，我则侧身直捣，而不拘左右手发，为中盘也。此里外死手秘诀之妙用也。

里死手三十六节〔一〕

窝里炮

右手双掌推出，左手拜㧱齐来，欲将身步急闪开，那（哪）〔二〕晓填拳损害。

只道拳进甚速，谁知那（挪）步跟来，窝里炮响实奇哉，那虽金刚难摆。

还勾手

右手披开右手，左手拥护香腮，还将右手就勾来，他手纵是起何在。

劈颈一拳砍去，项上痛难挨，拜掌填拳奔心怀，方知还勾利害。

〔一〕标题为『里死手三十六节』，然后文只记叙了三十五个动势。

〔二〕那，据文义，当作『哪』字。后同。

满堂红

右手还推右手，右（左）〔一〕手即奔香腮，右手转拳出胸怀，反掌拖面急拜。可怜足立未定，填拳那（挪）步相摧，两手无措实哀哉，方信堂红可爱。

五横手

左手把他右手，右拳望（往）〔二〕左舒（斜）〔三〕冲，起处便是面颜红，着怀一肘直进。竖起铁面金橘（桥）〔四〕，拜掌填拳急狠，惊去七魄与三魂，终是神拳五横。

缠赶手〔五〕

手上加手推右，飞起掌奔耳腮，边右打过边左来，左掌依然不空。右手一肘打进，竖起金橘（桥）面栽，拜掌填拳入胸怀，方显六（大）平〔六〕古怪。

〔一〕右，据文义，应为『左』字之误。后同。

〔二〕望，据文义，当作『往』字。后同。

〔三〕舒，据文义，疑为『斜』字之误。

〔四〕橘，据文义，疑为『桥』字之误。后同。

〔五〕据张氏短打拳，原谱中的『缠赶手』实为『大平手』，而『大平手』正是原谱所缺内容。张氏短打拳中『缠赶手』的内容为：『右手拿他右手，旋转左手代他。对胸一拳好难捱，复进一肘怎押。竖起贴面金拳，拜掌填拳奔怀。缠赶神手好奇哉，血满心窝受害。』依此，可补原谱所缺。

〔六〕据张氏短打拳，此段内容为『大平手』，故文末的『六平』，应为『大平』之误。

硬崩手

右手砍他右手，左手急护香腮，右手撩海一拳来，须防左边手害。

左手腮边荡进，右拳耳上直摧，硬崩手起好打害（坏）〔一〕。

二便手

手起加手推出，眉心胸穴掌来，左上右下好安排，势中带靠为佳。

右手傍身上脸，填拳随即奔怀，二便手起好雄哉，纵敌千觔（斤）无碍。

挽拜手

他人伸起左手，右手披出如雷，筋骨如割实难挨【拒也】，早被胸前掌害。

翻身欲倒在地，填拳那（挪）步跟来，场中君子休忽他，千金难挽拜。

双缠手

他人发出甚好，早被右手缠搅，左手急跟搬（搬）开了，一肘推胸不少。

面橘（桥）山根打，早被拜掌填拳分晓，双缠手儿真奇巧，纵是石人也倒。

刀对鞘

右拳方才发出，右（左）拳直撞肩窝，反掌须向右边拖，连进牵拳怎躲。

〔一〕害，据文义，疑为『坏』字之误。后同。据前后格式，其后应有缺句。硬崩手起好打害，张氏短打拳作『硬崩手起好难捱，纵是铜人打坏』。

若论右手来狠，右边三发最多，对鞘打来没奈何，任是英雄怕我。

勾搬（搬）手

右手直来砍我，将身偏闪入怀，两手齐进，起紧迫他，须教节筋难摆。方搀（才）〔一〕进向，肘子贴面打，拜掌填拳奔入怀，始信勾搬（搬）利害。

元光手

手上加手推出，转过掌来如风，左耳元至右耳根，胸前一肘可恨。举起铁面金橘（桥），拜掌填拳紧跟。若问元光这手雄，常把人来轻弄。

披擅手

右手披开右手，左手急护香腮，须知右足蹈将来，右出胸怀莫怠。反掌拖他脸上，拜掌填拳相摧，披柼（擅）〔二〕神手实奇哉，场上君子莫怪。

拳勾手

敌人拳来甚急，右拳望（往）右勾来，左拳直挺撞香腮，右手随右奔胁。胁下方才叫痛，那（哪）知撩跌又来，拳勾手儿好奇哉，将人掀跌无碍。

〔一〕搀，据文义，应为『才』字之误。
〔二〕柼，据文义，应为『擅』字之误。

劈手打

左手勾他右拳，右拳直插喉咙，还拳反打右边胸，左右牵拳更进。

人知乱拳滚打，那（哪）晓那（挪）紧跟踪，纵有敌人铁浑身，难逃劈手双弄。

提肘打

双手振〔一〕腰左进，左手下打阴囊，提肘顺便把喉伤，撜肘拜掌齐闯。

左手填拳急进，右手筋骨有伤，两手千觔（斤）也难当，怎挨身儿应铛（挡）〔二〕。

双元光

他手虽然甚狠，那（哪）当四拳打来？双双元过左边腮，受此毒魔之害。

努力一肘奔胸怀，贴面金橘（桥）更快，拜掌填拳紧挨，元光双双堪爱。

阴进阳出

右手方才掷下，右拳急急披来，须知左手一抐开，右拳疾进攻胁。

一肘胸前难忍，谁想拳又冲腮，左边打出血儿来，阴进阳出利害。

〔一〕振，有裂开、破开之意。

〔二〕铛，据文义，应为『挡』字之误。

掭〔一〕眉捣颡〔二〕

右手切开右手，左掌眉上掭磋，须知左上右下呵，转下右手无差讹。当顶用力插颡门，气闭难过，天庭地角两遭磨，掭眉捣颡害我。

劈手阴颡打

左拳勾他右手，右拳急进撩阴，左拳起处望（往）喉冲，左肩及拳着重。左右牵拳攻打，原来不离旧痕，劈手阴颡有声名，教人无处逃遁。

撩阴捣海

右手方才出势，手上加手推他，左拳急急，面上拖回，拜掌填拳更相摧，撩阴捣海可骇。

龟儿不出手

莫道龟儿不出，发时实是难当，人将右手打来忙，左手按纳不放。右手打折手指，转拿前拖有方，半颠半跌步难降，伸拳望（往）面直撞。

蝴蜂锁手

双手分开双手，右足赶肚跟来，左掌倒上反边腮，莫过额上顺揣。

〔一〕掭，原意为用毛笔蘸墨后斜着在砚台上理顺笔毛或除去多余的墨汁。掭眉，有的拳谱作『抹眉』，为虚晃一招之意。

〔二〕颡，即额头。

拜掌填拳奔胸怀，心前肚上打害（坏），蝴蜂锁儿真个乖，将人跌作一块。

丝缝还拳

拳来右肘横架，左手来时撜开，左手一拳望（往）喉推，急承他手莫怠。

右肘攻心又进，金橘（桥）飞打鼻歪，拜掌填拳闯入怀，丝缝还拳可爱。

入门正行

他人正面攻打，左拳望（往）左勾开，右手一拳对心推，左拳耳上打害（坏）。

慢道右耳吃苦，左耳一撞难摆，两耳一齐血涌来，入门一足行手害（坏）。

双手引蝴蝶

右手方才伸出，手上加手奔开，右掌脸上扑下来，左掌冲天无碍。

两掌上下推闪，早又填拳胸拜，庄周梦里是蝴蝶〔一〕，双双引来堪爱。

顶胸肘

劈面拳来甚急，左手用力奔开，右肘藏胁入胸怀，一顶冲天疾快。

他若左手右托，掀开撜肘心来，拜掌填拳一齐栽，饶是铜身打害（坏）。

〔一〕庄周梦里是蝴蝶，即庄周梦蝶。庄子·齐物论载：『昔者庄周梦为胡蝶，栩栩然胡蝶也。自喻适志与。不知周也。俄然觉，则蘧蘧然周也。』

黄莺双磕耳

两手捺开双手，即时齐奔耳门，方才打得耳聋钟，旗鼓胸前早进。仰身欲倒在地，谁知脑后填红，劝君切莫愁黄莺，双双磕耳难听。

隔肚穿钱

敌人伸出右手，望（往）我脸上奔来，好将右手一推开，千斤臂膊难摆。左手一拳逞进，右边打过左来，隔肚穿钱实猥（畏）〔一〕哉，血带胸膛胀害（坏）。

小儿拼命

双手捺开双手，两拳急进撩阴，复起掌来望（往）面冲，那（挪）步靠山直挜（送）〔二〕，左掌方才一拜，右拳一击填胸。浑身筋节练得精，便是小儿拼命。

插腋封喉

右拳打来左拿，进身胁下横拳，他若左手来破，右拳还勾砍联。左拿左手左足管，左拳直插喉边；右接右手右足进，左拳胁下可穿。插腋封喉披两边，赛过躲影神仙。

〔一〕猥，据文义，疑为『畏』字之误。
〔二〕挜，据文义，疑为『送』字之误。

撩阴封脐

左手拿他右手，右拿勾他左肘边，变拳直插耳门前，右手撩阴似箭。转身好用靠山颠，还有胸拴顺便，右手乘下撩阴先，左手照脐一拳。撩阴封脐切莫缠，当着一下挞匾。

滚肘边心肘

敌人□□（右打）〔一〕来，我用右手拿。闪身敌背后，留足勾管他。右拳肚上着，左拳肩上埋。滚肘填胸进，复手插下胲。敌若抽手托，翻身撜肘该。胸前插一掌，足下好勾回。

乌龙献爪

右手打来甚狠，右手切他要重，复手从怀望（往）面从。敌若左手急来掷（搬），我即随掷（搬）一削稔。左手一拳肚一落，右手牵拳他怎忍。更上一步足管他，抱肩一迫跌得滚。

泰山压顶

敌人手打来，双手齐奔开，两掌按下插，胸堂（膛）〔二〕早受灾。

〔一〕此处缺二字，张氏短打拳作『右打』，当是。
〔二〕堂，据文义，应为『膛』字之误。后同。

他若走左边，左进靠山跌；他若右边去，右手用披揭。轮进左右披，须知足管跌。此系顶上拳，泰山压顶诀。

外死手三十六节〔一〕

冷红手

拳来左手紧托，右拳胁下直攻，敌人手面要两分，左手复下承重。若得回回勾足，那（哪）怕他人英雄，插花手起练分明，到处当场卖弄。

缠筋手

拳来右手拿紧，左手正压肘中，左手承（撑）〔二〕开要分明，右掌面上摸弄。右掌方才盖下，左掌劈面来迎，缠筋手起势威雄，一撜双推乱滚。

膝槌手

两手迫他手股，右拳望（往）胁直攻，左掌起处面颜红，右掌复来要重。

〔一〕标题为『外死手三十六节』，但下文只分述了三十四个动势。据张氏短打拳，所缺两势为『冷死手』和『捶坠手』。『冷死手』的诀语为『拳来右拿要紧，左拳奔膺当乘，回却左来要右承，右肘须承莫空，拜掌填拳急进，两脚休得开肱，纵有勇敢与争先，难逃冷手一弄。』『捶坠手』的诀语为『敌人将拳劈下，左手急望里推，右拳照肋便捣哉，左右双拳下劈，左拳撩海一插，复下望右承回，场中小子定遭危，捶坠一勾受累。』

〔二〕承，张氏短打拳作『撑』字，当是。

左手拿他右手，全凭脚下勾攻。勾谓膝槌人不惊，跌翻一场春梦。

陈槌手

右手拿他右手，旋转左手代他，右掌盖上满面花，一摸右边直下。

左掌依然面拜，两拳齐望月加，陈槌手儿实堪夸，恰是神仙传下。

热□〔一〕手【小蕾名】

起手双接着重，浑身筋力齐来，右手一肘奔心怀，金橘（桥）山根好打。

拜掌填拳相挨，气闭胸堂（膛）受害，热□手起好安排，将人打作一块。

双攀手

左手拿住右手，右手便下撩阴，复起手来右边承，右掌左肩荡进。

两掌前后焰存心，右插原来左称，双攀手好无情，还有双推乱滚。

吊线手

他人手来直进，阳掌急拿反阴，先阳后阴左掌心，迫手回拳齐应。

敌若筋力强硬，吾有挞掌无情，一声响起往后崩，方知吊线可敬。

双插花

敌人手发来到，两掌内外夹攻，左进右出掌分明，须知右掌搅弄。

〔一〕□，此字难以识别，待考。

两掌一齐起处，谁防直奔耳门，左肘下撜右拳胸，双插花儿最胜。

分洗手

左掌推他右手，右手急进捶胸，凤凰展翅向阳分，纵有臂力难动。

左掌方才出怀，右掌随奔面门，一时皮破血淋身，分洗手儿最重。

诸破手

右边敌手急进，右手胁下旋拿，左手极力插着香腮，复拿他手后推。

须知脚下勾回，左手打过右来，右手右臂插进栽，俱被场中喝哰（彩）〔一〕。

鞭迫手

拳来右肘紧迫，迫他不可放松，左手横拳望（往）肚冲，转上承手莫迍。

右肘迫胸力破，拜掌填拳练精，鞭迫肘起信有神，劝君切莫轻进。

十字跌

敌人乱打来，我步十字进。更兼足管他，此跌最为狠。

进时不可迟，迟却无些用。右掌急插胸，左足勾相衬。

若还惯用他，何怕人比并（拼）。

〔一〕哰，据文义，当作『彩』字。

叶里藏桃

左手推开右手，右掌阳上无情。复起掌来手要雄，左拳耳边更进。

仙人躲影

他人右手打来，左手望（往）右推开，闪身背后却左推，须知右足管碍。

敌若恃强倒右，我即顺右加推，还将左足一勾来，躲影开颠跌莫怪。

老儿锄田

右手拿他□（右）〔一〕手，劈肘正中肘中，变拳冲破面颜红，压下须当要重。

右肘方被肘害，谁想拳又填胸，锄田之手实为雄，勿谓老儿没用。

狮子啸天

敌人右插香腮，将身向左闪开，翻转双披紧切，更复二拳上推。

胸拴旗鼓势雄哉，手抱足跟仰跌，头顶膝压不放他，狮子啸天可爱。

猛虎跳墙

右手来时左手拿，右掌进去睛上埋，量天尺破他，左救七星拳好打眉穴。

复下左手右托胲，二龙戏珠左搭，左手拿住左，左膝肚上埋。

〔一〕此处缺一字，张氏短打拳作『右』字，当是。

骏马加鞭

左手打来右手推，复将右手切唇皮。左手打来左拿住，右手急打腮上奇。

他若右挑我右破，打他不劳不为住。肘上加肘，揿跌无疑。

顺水拖船

右拳从头劈下，左掌望（往）上推托，右手胁下填拳，左手掰（搬）肩一拨。

他若退后仰跌，右拳胸上直截。侧身向右奔逃，赶上须进左足。

顺风跌倒一交（跤）〔一〕，顺水拖船不错。

海底抛球

右来右拿左打，左来左拿右打，右手拿他右手来，左足急进望（往）后踏。

左手牵开左手来，右足赶后须迫迫，闪开进身，肩拖跌杀。

拖红十字

右手打来右手推，左手横拳攻胁，左手打来左拿他，右拳太阳直兆（照）〔二〕。

若是左手托右肘，右手下胲【音改，颊下曰胲】一插，至于扯住我领，肘压自然身颓。

〔一〕交，据文义，当作『跤』字。后同。

〔二〕兆，据文义，疑为『照』字之误，此为河南方言。

烧天撼地

拿右手，左插上，左按左手右下插，左手打来左手招。

右手一拳肚上落，右封右兮左拳腰。闪身背后前留足，回手二拳背心着。

观音坐莲

敌人右足管我左，好将身子往下坐，管我足儿若叫痛，翻身右手挞左[illegible][一]。

步若还放松，上步进身插，裹里裹外裹难逃，左右双剐【音寡】。

令公触倒李陵碑[二]

敌人右手疾打来，闪身背后推左推，左手插腰右[illegible]（搬）足，两手着力直攻胲（胫）[三]。

他若转身便坐肘，一头直撞入胸怀。老令公，曾倒李陵碑触坏。

钟馗抹额

他人右手打来，我用左手承接，更进右足管他右，右掌从额摸下。

还有豚（腰）[四]臀摆起，身手一齐力发。他若翻身施救解，随用手勾足挞。

〔一〕[illegible]，此字难以识别，待考。

〔二〕令公触倒李陵碑，典出明熊大木撰杨家将演义第十九回，其诗曰：『矢尽兵亡战力摧，陈家谷口马难回。李陵碑下成大节，千古行人为感悲。』

〔三〕胲，据文义，疑为『胫』字之误。

〔四〕豚，据文义，疑为『腰』字之误。

玄坛打恭

敌人双手插来，我用两手一拜，即进左足去管他，左插香腮右抽。

他若闪身右去，随将右足横搭，左拳插胁如风快，须知右边也拜。

霸王开弓

敌人出手如[illegible]（箭）〔一〕，[illegible]（我）〔二〕用开弓势拿，右手拿住左插他，左手承回右拜。

翻身一肘滚进，撤手离弦箭发，箭打弦敲真痛杀，霸王开弓古怪。

马武跟城

敌人双手右砍来，闪身背后切莫呆，不用拳头并手掌，腰里一跟彼必跌。

若是力强身不动，翻身一拳背上栽，马武跟城也利害。

雀地穿龙

敌人上面手攻脸，将身缩下左足前。右手⿰扌班（搬）他足后跟，格他膝头左掌先。

左足缩来右足直，难忍翻身跌仰天。雀地穿龙那（哪）个晓，不义之人莫乱传。

顺手牵羊

敌人拳来甚狠，双手接着要紧，用力一扯顺牵动，我先左足拴追。

〔一〕[illegible]，此字难以识别，张氏短打拳作『箭』字，当是。

〔二〕[illegible]，此字难以识别，张氏短打拳作『我』字，当是。

他若恃力后退，那（挪）步插拳须骤，脑鼻两处受伤痕，顺手牵羊可恨。

硬进单鞭

不问敌人手发未发，我身左进车轮，劈下须要步旋风，右掌劈进同一法。

敌若力大雄（难）〔一〕胜他，拜掌随用足勾挞，单鞭劈去肩手硬，纵是顽石也打塌。

环肘连珠

右手拿他右手，左手望（往）胁直攻，敌若抽回右手，右肘滚入填胸。

顶肘撜肘一齐冲，横肘竖肘互用，更加一肘攒心雄，左右分明不空。

狮子⿰扌班（搬）桩

左手打来左击，右手打来右迫，抽身背后从容立，收手⿰扌班（搬）他左右肩，腰间逞力一膝。

彼若翻身来救，对心一拳须疾。狮子⿰扌班（搬）桩最奇，名师托势不识。

翻江捣海

敌拳打来虽狠，我也不用拳迎，侧身躲过左插，右手急去撩阴。

躲影神仙可用，叶里藏桃迫真，翻身左肘坚下，右拳捣海千金（斤）。

纵然波浪涌恼恼（汹汹）〔二〕，一霎时间平静。

〔一〕雄，据文义，应为『难』字之误。

〔二〕恼恼，据文义，应为『汹汹』之误。

张横秋先生跌打掴拿四捷法

敌人出拳势来狠，我用双手顺拿紧。更加左足管他前，左肩一迫望（往）前滚。
拿手双拿紧难开，别筋坠下往后栽。先进右足管他后，右肩一迫玉山颓。
左手将他右手拿，左足先去敌后栽。更将右掌腮下托，用肩一靠颠倒推。
左手推右闪背后，随将右手抱左肩。用臀摆起虚两足，一交（跤）放倒面朝天。
左右拳来左右闪，闪身背后下攻险。两手抱足用肩拖，往前一交（跤）跌破脸。
不问拳来上下，侧身直插心窝。复手须防他救，左右一扑无讹。
敌人右手砍来，我身望（往）后稍开。左拳肩上一插，右拳直捣胸怀。
敌人两手乱打，面前难进冲拳。左右闪开攻胁，更有足下勾缠。
敌人托势甚严，却难当面进拳。闪开旋风而入，回手背心一拳。
高来打面甚狠，我身缩下一蹲，将拳望（往）阴直插，靠山打起气稳。

抓掌歌

练成十指硬如铁，撮着些儿便见血。拿里用抓抓必狠，抓里用拿拿必跌。
更加身步一齐攻，千斤重体飞蝴蝶。

解拿还拿法

人将我手屈背后，左足赶后须要紧，即用撜肘向胸摧，带靠颠翻不能救。

人来背后抓我髻，我用右手拿他手，急进左足后管他，左肘摧胸退跌骤。

人搓我头按近地，手搬（搬）足跟管其后，用头触膝步难移，努力一收跌得远。

扭着衫领有正偏，左手拿右小指边，好将左足横拴凑，压肘颠翻敌跌先。

扭住衫领直挺紧，侧身双抱他手稳，左足插入敌胸前，左肩一迫跌得狠。

敌用左手托我右，我用左手拿他左，拿住不放右打阴，肘上加肘压他手。

右手拿我右手，反筋向外难忍。翻身胁下攒过，我顺他逆直挺。

再加左手外搬（搬），扶栏看花极稳。

擒住腰儿挟起，倒乘足扳（板）[一]朝天，急将两足夹喉缠，紧揉气闭难喘。

更加两掌向地撑，仰跌一交（跤）亦险。

人来背后箍腰，掘臂好托阴敲，乘虚急拿卵与毛，望（往）下一插极稳。

若还无隙可入，面上一头不饶，昏天墨（黑）[二]地痛难熬，眼光撩乱放了。

当面抱住手与腰，双手紧拿他衣袍，脸上一头肩带靠，管足须教跌一交（跤）。

［一］扳，据文义，应为『板』字之误。

［二］墨，据文义，当作『黑』字。

拜掌冲入怀中现，填拳胸中不曾饶。

人将虎口搓我喉，我手屈他大指头，力扯下来敌叫痛，也将虎口执他仇（喉）〔一〕。

他若依我一样解，一缩下来便脱手。

人来下盘捏阴囊，双手封喉急主张，虽然不法兮，亦能救我一时忙。

上下互救无差错，撩阴加（夹）〔二〕颈两相妨。

人来下盘托我足，未到须知用掌托，若是抱住紧难开，品头羊儿搭不错。

敌人头硬不能摇，背上一拳急宜摧。

敌人惯用野猪龙，腰间一头拖倒人，侧身放过加一掌，仆梗一交（跤）跌破唇。

若是侧身单（来）〔三〕不及，或砍或推不差讹。

顶肘胸前直进来，急将身子一闪开。开时即刻横攒入，[illegible]（里）〔四〕靠奔身切勿呆。

敌若善躲不能破，扫开阴囊痛怎挨。高提面上来，旗鼓十字接。

不用推与架，硬进破自跌。敌若急抽身，跟进双披揭。

更有用双推，一勾教自跌。中腿平平来，左右切挽接。

〔一〕仇，据文义，疑为『喉』字之误。

〔二〕加，据文义，应为『夹』字之误。

〔三〕单，据文义，疑为『来』字之误。

〔四〕[illegible]，此字难以识别，据文义，疑为『里』字之误。

挽接甫及施，大小靠山跌。敌若走左边，赶上一披揭。
偏闪并腾那（挪），步步法要捷。下盘腿踢来，我用悬足待。
两腿不相容，进步靠山跌。敌若把腿收，攒上一拳捷。
顶肘望（往）胸冲，一交（跤）腰跌折。

驾雾碧云端

披揭双披打下来，抽手收身便卸开。让他势过顺粘进，管教敌人倒跌回。
丢拳冲肘野猪龙，丢手闪身让过空。让他势过顺势耸，跌得敌人倒栽葱。
敌人两手用箍拳，双手撜开他难前。箍里还箍直玄妙，披披躲影又一连。
敌人拳来势狠急，蹁跹卸出地势失。顺势卸出顺势进，披挂冲拳连不息。
再加躲影闪后抱，跌得敌人反势迫。敌人双拳乱牵来，左右⿰扌班（搬）开右插怀。
两手连⿰扌班（搬）牵钻手，拿拳横拳笑[一]阴栽。闪开躲影后面至，跌得敌人若痴呆。
敌人拳来势难破，蹁跹卸出他空过。赶进披揭披还披，再加躲闪往后拨。
若遇拳来急当胸，右挽左搁卸过空。右掌从面太阴打，再加躲影往后攻。
敌人拳掌面上拨，顺势右招左手搁。躲过拳头斜去阴，藏桃躲影连齐挫。

〔一〕原谱已注『俗笑字』。

敌若左拳填小肚，左挽右抐卸势过。从起右肘坐顿胸，又用躲影后面补。

正掌

急救全凭正掌，拳来两手齐剜，让他势过便跌他，彼力千斤不怕。
右手打来右进，左拳来到左加，腾那（挪）偏闪更堪夸，恰似神仙传下。

锄田带缠筋

右手缠拿右手，左拳劈面填胸，右掌急急上面奔，左掌跟盖如风。
义（叉）〔一〕手一齐推进，右拿右劈前冲，左掌右掌掌去，肩楷（胛）〔二〕压不放松，方显锄田有功。

顶肘连缠打

拳来勾裹披进，顶胸挑胁撩门。后披连撊〔三〕顶重，收披缠拿推胸。
左进缠掌推连，右披顶挑无松。顶肘连缠上下攻，管教敌人难纵。

〔一〕义，据文义，应为『叉』字之误。
〔二〕楷，据文义，疑为『胛』字之误。
〔三〕撊，有遮禁之意。（王力主编王力古汉语字典，中华书局，二〇〇〇，第三九三页。）

上盘急救斜步躲影破打俱全

势倒如山来骁勇，斜步躲影，挨身拨托耸，接上斜步拨托横直推，定教来人就托（地）〔一〕滚。左进转身照前用，周回斜步，连拨托送，斜步躲影，神仙妙用。一破一打得其方，专开力雄人众。

中盘救急缩步窝那（挪）破打俱全

任他双手到胸前，缩步推身脱卸，复粘赶进绕面箍，接连尽送，跌得敌人仰朝天。收回步法复仍旧，安藏仙影躲依救提，周围箍转连身送，斜步斜影救应全。跟手箍辘显神仙，一破一打无间断，见肉分飧味唱连。

下盘救急卖（迈）〔二〕步偏卸破打俱全

势如奔马下盘冲，急步连身扫抹空，撮手卸势复粘上，跌得敌人倒栽葱。急转卖（迈）步连扫耸，剐（刚）〔三〕进步，复推胸，左推转身仍照旧，三双砍，一推耸，跌得敌人仰朝天，左进转身照前用。

〔一〕托，据文义，疑为『地』字之误。

〔二〕卖，据文义，疑为『迈』字之误。后同。

〔三〕剐，据文义，疑为『刚』字之误。

周围连拗砍藏鞭，带膀双披铁样坚，一破一打一抓，雄风如电。

大全躲影活神仙

势倒如山打进来，斜步躲影，挨身拨托进，接步躲影闪后靠，卸步躲影留胸前，横步躲影封膀送，直步躲影劈胸栽。五样躲影随身用，跌得敌人若连颠。转身偏闪一样打，蹁跹周围绕四边。此法若要练得熟，管教场中得胜回。

秘传腾那（挪）偏闪锦囊

斜步挨身拨托，卖（迈）步偏身扫抹，缩步窝身剐□，粘步射身掀转。以上四样秘传，乃是应手仙着。任他乱拳如飞，只须进身掀拨，临场须用双推，横冲直撞不错。【止】

袖珍秘书序

祥标录

袖珍一书，取义甚微。盖以人身为太极，以象为天地，身半以上主动，身半以下主静。先立根基，而分阴阳；次对针锋，而定对子午。时开阖门户，进退有方。其用浮沉、吞吐，必须天机活拨（泼）〔一〕，为丝入扣，错综不乱。其若寻推圆滚，务在筋脉流通，以曲压直，以柔制刚，贴（此）〔二〕月（用）〔三〕至金要。〔四〕软硬，粘衣轻，务识高低。用抖，用插，看其门之偏正，不可妄进。若扑若捽【作没切】〔五〕，亦田桩【〔六〕切】松直，入之部，尽可施以援引拖抛，彼此均忌提拦、鞭砍两性。然消肩纳膊，由于敌势相擒拿、抠扭，莫外嵌骨酥筋。叶（业）〔七〕斯道者，当熟此十八法，其中妙用，变化莫测。

余幼历湖上，遇少林来者相好。谈论旦夕，颇悟其神，但性疏慵【常〔八〕切】，未习。今年

〔一〕拨，据文义，疑为『泼』字之误。后同。

〔二〕贴，据文义，疑为『此』字之误。

〔三〕月，据文义，疑为『用』字之误。

〔四〕，此字难以识别，待考。

〔五〕此处原谱小字疑为『反切』，待考。后同。

〔六〕，此二字难以识别，待考。

〔七〕叶，据文义，应为『业』字之误。

〔八〕，此字难以识别，待考。

七十，鄙不自揣，敢将法则笔记，以【俟】后学者会之，无失其传，因取名『袖珍』。盖袖者藏之于手，珍者秘而不露，庶其道可以护身保命，不为狂匪之徒致我有哉（灾）[一]祸也。后学者诚能笃志，务识珍而袖之，而不妄授匪人，以致归罪于余也，则幸矣！

袖珍秘书目录

袖珍十八法总诀歌

袖珍十八法，秘蜜（密）[二]少人知。
太极归真位，阴阳变化机。
全凭真子午，办（辨）[三]别是兼非。
浮沉与吞吐，圆滚要心随。

〔一〕哉，古文中通『灾』字。
〔二〕蜜，据文义，应为『密』字之误。
〔三〕办，据文义，应为『辨』字之误。

寻推共抖落，进退及封闭。粘靠带插扳，扑捽两分岐（歧）〔一〕。
援引拖抛用，提拦消纳居。擒拿真口诀，能有几人知。

十八法诗解

太极

一身犹太极，两脚立根基。阔狭因长短，如山不可移。

万物各有理，如袖珍亦有至理存焉。盖以人身为太极，上身主动，象于天；下身主静，象于地。所谓由太极而有动静，而有变化者也。入手工夫，做必从高。脚先立根基，根稳，而后可战可守。其定脚之法，左右阔狭，听其身便，总以步稳吃紧为是。为（如）〔二〕履渔舟撒网，任凭风波鼓撼，身稳如山；又为（如）背负重物，急急跑路，突如定立。两脚看其方位，即得真步法矣。

阴阳

全躯三转折，上下分阴阳。动静瞻前后，砥柱铁石桩。

步立既定，将身腰折转，又将后膝恤扭向前，半曲后下臂微起，坐落身腰。上半身属阳，主动；下半身属阴，主静。两手八字，阴阳护定，左右前后，身为柱石，不丁不入，立定，毫不乱动。若要移步，

〔一〕岐，据文义，当作『歧』字。
〔二〕为，据文义，当作『如』字。后同。

脚不可絜〔一〕，惟听前手移动，前脚后跟。脚为磨心转动，切莫离步位。若要身不折动，心法不真，桩即不稳矣。

子午

如何为子午，头向（面）〔二〕对针锋。两肩并两膝，上下总相仝（同）〔三〕。步位立定，或右向前，俱以头面肩膝扯伸，如针锋相对，方为己之真子午。若当胸对人，立脚不正，则谓之死门也，恐犯直冲，靠桩而入之禁乎。

封闭

门户牢封销（锁）〔四〕，双关势不开，机撼将动处，发手为春雷。

子午既真，门户即正，门合封闭，任我自便。双掌向前，封彼之手，闭己之门，看其势来将及，两手略差上下，临机发动，此以逸待劳之法。或看从左右来者，双手照应门户，脚随手转，总以所出之肩对出后彼心。不拘左桩、右桩，一样立法。双手同起，举步送移，后手顾胸膛，前手抵彼手，消

〔一〕絜，泛指衡量、度量。
〔二〕向，据文义，疑为『面』字之误。
〔三〕仝，据文义，当作『同』字。后同。
〔四〕销，据文义，应为『锁』字之误。

粘彼手，则俟【于核切】寻而急进。此以疾克迟之法，彼上翻下漏。总只（之）[一]反履（复）[二]跟随搭扭抠推，俱要活动。

进退

欲知进与退，退败进生（胜）[三]多，进可追三摄，退一不能移。

门户既正，进退身便，但进步切不可偏，总顺步直进，或左或右，俱要步位立正。倘偏一着，则为死门。虽进追，亦至可三摄，切不可大步阔跳。倘一步阔，桩即不稳。如退，只有纳消，切不可退一步、消一步，则犯靠桩真（直）[四]入之败。

浮沉

浮如云出岫，沉如石投江。左右牢相顾，坐腿把阴藏。

浮不可太高，手不大远，脚不可大阔，举手飘然，亦不在力，惟听其虚实，彼虚即用浮，彼实即用沉。但沉手豁然，务须实落。其身其左右，或势来，或势退，或偷闪诈败，漏手随风扭搭，追踪觅影，不令彼脱。如遇雀跃猿飞之辈，此人必飞尖猿退，切宜谨防。只守自己桩步，不须追进，或须开门户以待，左右照顾，坐落正腿。彼藏前阴如撒网法，任彼变化，不能入我之门。彼来进步，两手往上，连身一挑，

〔一〕只，据文义，应为『之』字之误。
〔二〕履，据文义，应为『复』字之误。
〔三〕生，据文义，应为『胜』字之误。
〔四〕真，据文义，疑为『直』字之误。

我身一沉，双手一压。

吞吐

吞身为鹤缩，吐手为蛇奔。鼓撼随风入，重轻左右分。

敌势逼近，手到胸膛，忙将身坐下一缩，上部已被封闭，连将肩落下，用枪法吐出，直刺其阴，鼓撼身手，随风杀入，听其轻重左右。惟从轻处拨撩，则得其法矣。

园（圆）[一]滚

出手刚柔济，摇铃肘脉园（圆）。粘衣为滚浪，贴身要生根。

掌最忌直硬，总要有刚有柔。大刚，则犯彼砍手、拖抛；大柔，则撼彼不动。手一粘身，肘脉园（圆）滚，在彼胸脯胛臂专听虚实[二]，莫令彼脱。彼退，则借势一送；彼进，即借势一拖。专借其力，此即粘衣随铁（跌）[三]之法矣。

寻推

寻风挨手进，筋脉要流通。直硬将柔制，推摄必用功。

〔一〕园，据文义，疑为『圆』字之误。后同。

〔二〕专听虚实，即若太极拳推手中的听劲。

〔三〕铁，据文义，疑为『跌』字之误。

寻如寻【成】放索，挨彼之手，听其软硬，身手圆通活拨（泼）。彼手若来直硬，将手滚转[illegible]〔一〕挑，下压翻藤（腾）〔二〕，听其桩动，伸手即入，让实，从虚一推、一揖【丁叶切，打也】。

抖落

抖臂如举鼎，托搭亦皆然。敌势将身闪，落掌看中偏。

抖手徒然而起，全在自己桩稳。此法软出硬举，如举鼎托搭（塔）〔三〕之势。倘闪开，翻手即落，务要看彼是中风、偏风。若中风，即用滚手；偏风，即带鞭砍提拦，成双砍押勒。如进者，速用消纳提拦之法。

粘靠

出手防牵制，翻身切莫迟，粘身即落肘，靠吸在挪移。

大凡出手，半曲半直，半软半硬。最防牵制，起伏翻滕（腾）〔四〕，务宜活动。至于粘身，即忙落肘，靠彼胸脯，听其虚实。吸桩一逼，两手齐放，总以快捷为上。

插杀【即目录插扳】

插杀势如枪，拖抛切要防。粘身即落肘，极靠莫离桩。

〔一〕[illegible]，此字难以识别，待考。

〔二〕藤，据文义，应为『腾』字之误。

〔三〕搭，据文义，应为『塔』字之误。

〔四〕滕，据文义，应为『腾』字之误。

插是枪锋一法，离身消（稍）〔一〕远，掌不能到，故用五指直插。然此手须要出得快，若插不到身，彼用提拦、拖抛则败矣。

扑捺【即目录捺杀】

扑手如猛虎，迎风直入膛。双手似剖腹，拍捺要松桩。

扑手如猛虎扑人之势，两手直扑入胸膛，分开彼手往前，一拍一掇，再看彼手在内、在外。在内，自手速落，紧防双挑漏势托肘之弊，倘彼托肘，速用吞身法，用吐手杀出；在外，则推摄拍掇，俱可用也。

捽撒

捽撒看偏正，门开任意行。上中下三步，手到定分明。

彼之门开桩松，但看偏正，直来即正去，上、中、下三部，俱可一离即捽。彼偏来，以我两手为撒网一搬，左右皆仝（同）。或有捞脚抢腿，随手虎口往彼颈下一捽，或以入我裆下，速用双手往面扭去，成彼前脚已入我之裆下，只用我前脚膝在彼脚上一跪。如有相撞，肩桩已入怀中，速用吞身法，双手一撒。

援引

敌势偏风进，援开左右防。引来须半出，切莫放松桩。

〔一〕消，据文义，应为『稍』字之误。

援者，以我手接彼之手，核机〔一〕开，速进一步，后手一推；引者，彼未动手，我一手半出，引其势来入场中，彼桩一动，借势直进，自己切不可乱移。

拖抛

此法两家同，坐桩不可松。最嫌肩用力，扭搭翻成功。

拖抛之法，内外家俱有，务要步顺桩稳，不但彼拖我不动，我只随手翻膝，扭搭借势，拖彼生机。出手总在肘脉之间。运用心机，切忌连肩出去，恐防拖托。且肩力一动，肘脉即不能活动，上部气实，下部气虚，彼借我力易，我［借］〔二〕彼力难矣。

提拦

敌手如枪入，左遮右提拦。跟踪防漏手，反掌照面还。

彼之铃风，入我胸脯，我正顺其势，两手八字阴阳在，左提右拦。但凡提拦，总宜半曲其肘，要翻膝圆滚，方能□〔三〕面部胸膛。又有专用漏手、反掌，伤我面门及靠桩逼吸者，务须提防。我才用提，彼即往下漏，我即覆手跟随彼手；彼下一搭，后手一分，前手及掌又照彼面门一擦，出手一摧。

〔一〕核，仔细地对照考察。机，即机会、时机。核机，即考察等待机会。

〔二〕借，据文义所补。

〔三〕□，此字难以识别，待考。

擒拿

擒拿须认穴，嵌骨即[illegible]〔一〕筋。其中真妙诀，等闲非度人。

擒拿之法，要识穴道。人身骨节，三百六十有五，合周天一度数。筋脉贯通气穴之路，内通五藏（脏）〔二〕六腑，外通四肢九窍，但由四大总筋管来。一身筋骨统摄元神，若从嵌定，则人一身麻痹，不能动。

其妙诀在于陈文宪老师来传。

取名八法手

搀【插也】，推【吐也】，援【救也】，掇【抛也】，牵【顺也】，捺【按也】，逼【阻也】，吸【吞也】。

心法【总主师，宜正】，眼法【眼中逼师，宜活诀】，腰法【身主直】，身法【体副师，宜活变】，肩法【用之正师，送接莫偏】，手法【用之副师，不可缩沉】，臀法【坐之主师，不宜上窍下存】，步法【接之副师，不宜乱移离主】。

〔一〕[illegible]，此字难以识别，待考。

〔二〕藏，据文义，应为『脏』字之误。

内外两门上中下，跟彼随胸莫放松。外来伤面传耳头，左手右手横挑。右取中捞脚抢腿，彼势凶落身进步。对心冲擒拿，任彼双丹手，取他手头自然松。手出定要主送将，消纳必须主将仝（同）。不可远离尽力用，过略用之总是空。仝（同）出仝（同）归飘然举，随或占他与西东。其法口传心悟习，非是混力通。炼之吞声藏身法，休学狂匪招祸凶！

六合拳论

提要

六合拳论，一册，抄本，共三十七页，无边框，正文每页八行，每行约十六个字。封面题有『铉臣温视』字样。此谱未书具体时间，但文本序中称著者系姬先生的再传弟子，据此推测，此谱或编于清早期。此谱于二十世纪八十年代在武术挖掘整理工作中被捐出，捐献者不详，现藏于中国武术研究院，院藏编号为G852.19-15。

六合拳论内容包括序文、正文及附录三部分。序文一则，题名『六合拳论序』，叙述了六合拳的源流，云其出自明末山西龙凤姬先生，他变枪法为拳法，而会其理于一本；其徒郑氏得姬先生真传，拳棍刀枪无所不精，而会通其理，并认为『一切武艺皆出于拳内』，作者从学郑氏，『以接姬师之传』。正文包括十法摘要、郑氏拳法、姬氏枪法三部分，这是此谱的主体部分。其中『十法摘要』所论与太极拳论有相近之处；『郑氏拳法』『姬氏枪法』则以韵散相间的行文风格，记述了拳法、枪法的具体内容和习练、对敌的要领。附录包括趋避法、见手要法、用枪要诀三则内容。就附录的字体而言，与此前有异，疑是后来所补写。

值得注意的是，此谱中的『四封四闭』『四两拨千斤』『不接（即）不离，不丢不顶』等，与太极拳理完全一致，若明若暗地透露出两者的关系。

六合拳论影印

鉉臣温視

六合拳論

六合拳論序

聞之子不語、力固尚德、而不尚力之意也、然夾谷之會、必用司馬、

且曰、吾門、有由惡言不入於耳、是武力亦
誠不可少矣、於是乎、顧其身家、保其性命、
有拳尚焉、拳之種類、不同、他端亦不知造
自何人、惟此六合拳、則出自山西、 龍鳳
姫先生、先生生於明末、精於鎗法、皆是以
為神、而 先生、猶有慮焉、以為吾處、乱世
出、可以操兵、則執鎗、以自衛可也、若當太
平之日、刀兵鞘伏、倘遇不測、將何以禦之、

於是即槍法為拳法、而會其理於一本通其形於萬殊、名其為六合、約其要為前後各六勢、夫一本者、心意之靈也、萬殊者、形勢之變也、六合者、心與意合、氣與力合、筋與骨合、手與足合、肘與膝合、肩與胯合、一以貫之者也、至於前後各六勢者、一勢變為十二勢、十二勢仍歸於一勢、而且有勁柔之分焉、勁者在前、圓徹其異、柔者在後、尤寄其妙、亦由顯入微由粗得精之意也乃世之演藝者、多惑於異端之說、而以善走為奇、亦知此拳有追法乎、以能閃為妙、亦知此拳有提法乎、以左右封閉為得力、亦知此拳有動不見形、一動即至、而實不及封閉乎、且即之能走能閃、能封能閉亦必目有所見而能然也、故曰、晝間逞其變化、或猶可以取勝、若黑夜時、偶遇賊盜、猝逢仇家、不能見其所以來、將何以閃而逃之、不能見其所以動、將何以封而閉之、豈不反誤自身手、惟我六合拳者、練上法顧法開法於一貫、而其機至靈、其動至捷、雖黑夜之時、而風吹草動、有觸即應、並不自知其何以然也、惟精於是者、自領之耳、然得姬師之真傳者、有其徒鄭氏焉、鄭氏於拳棍刀槍、無所不精、而會通其理、因述為論、乃知一切武藝、皆出於拳內也、彼世之習六合拳者、亦各不同、豈其始藝之不類與、諒以業此者、未得其真、故差之毫厘、謬以千里、況乎愈傳愈訛、且不僅差之毫厘也、予幸得學於鄭師、以接姬師之傳者也、故法頗真、而予得之最詳、顧就其論而釋之、著為十法摘要、非敢妄行諸世也、聊以誨其子弟云爾、故作序以誌之、

十法摘要

丄一曰三節、舉一身而言、則手腕為稍節、腰胯為中節、足腿為根節、是也、然分而言之、三節中、又各有三節、如手為稍節、肘為中節、肩為根節、此稍節中之三節也、如胸為稍節、心為中節、丹田為根節、此中節中之三節也、如足為稍節、膝為中節、胯為根節、此根節中之三節也、要不外於起、隨、追、而

已、蓋梢節起中節隨、根節追、三節應、不至有長短曲直之病、亦無參差俯仰之虞矣、此三節所以貴明也、

乙

二曰、四梢、蓋髮為血梢、指為筋梢、牙為骨梢、舌為肉梢、四梢齊到、則內勁出、有謂兩手兩足為四梢者、非也、

丙

三曰五行、五行者、金木水火土、內對人五臟、外對人五官、夫心屬火、心急勇力生、脾

屬土、脾動大力攻肝屬木、肝急火焔徵肺屬金、肺動沉雷鳴、腎屬水、腎動快如風、此五行之存於內也、目通於肝、鼻通於肺耳通於腎、口舌通於心、人中通於脾、此五行之著於外也、故曰、五行真妙五道関、無人把守自遮攔、天地交合、靈蔽日月、武藝相戦、蔽住五行、真確論也、而所最宜知者、手心通、心屬火、鼻尖通、肺屬金、火到金回、亦

自然之理也、餘可類推、

廿四曰身法、身法有八要、起、落、進、退、反、側、收縱、而已、夫起落者、起為橫、落為順也、進退者、進走低、退走高也、反側者、反身顧後、側身顧左右也、收縱者、收如伏貓、縱如放虎也、大抵以中平為宜、以正直為妙、與三節法相貫、此又不可不知、

廿五曰步法、步法者、寸步、顛步、過步、快步、翦

步、是也如三尺遠、則寸一步可到如四五尺遠、則顛一步仍上前腳、如遇身大力勇者、則進前腳急過後腳、如一丈八尺遠、則用快步、快步者（往也）、起前腳、帶後腳、平飛而走、並非蹺躍而此馬奔虎翦之意、非藝成者、不可輕用、惟遠不發腳而已、如遇人多、或有器械、則連腿帶腳並翦而上、即所謂揉腳二起之說也、善學者、隨便用之、縱之法不可執習之純熟，用之無心，方盡其妙也。

六曰手足，手足者，單手，雙手，起手，領手，而已，起前手，如鷂子鑽林，須束翅束身而起，推後手，如燕子取水，往上翻長身而落，此單手之法也，如雙手，則兩手交互並起並落，起如舉鼎，落如分瓶是也，至於筋稍發，有起有落者，謂之起手，筋稍不發，起而未落者，謂之領手，縱之直而非直，曲而非曲，肘護心發、手撩陰起而其起如虎之撲人其落如鷹之抓物也、足法者、起翻落攢忌踢宜採而已、蓋起腿望膝、起膝望收、足打膝分而出、而其形上翻、如手之起撩陰也、至於落、則如以石攢物也、如手之落浮眉也、其忌踢者、脚踢渾身是空也、宜採者、即手之落、如鷹抓是也、是知手足之法、本自相同、而足之為用、亦必如虎行之無聲、龍行之

莫測、然後可也、

乙七曰上法、進法、蓋上法以手爲妙、進法以步爲奇、而總以身法爲要、其起手如丹鳳朝陽是也、其進步如搶上搶步、進步採打是也、是必三節明、四稍齊、五行蔽、身法活、手足連、而後因其遠近、隨其老嫩、一動而即至是也、然其方亦有六、六方者、工、順、勇、疾、狠、直、盡之、夫工者、巧妙也、順者、自然也、勇

者、果斷也、疾者、緊快也、狠者、動不容情心一戰而內勵出也、直者、發必中的見之真而彼難變化也、六方明則上法得矣、

八曰顧法、開法、截法、追法、顧法者、單顧、雙顧、上顧、下顧、前顧、後顧、左顧、右顧是也、如單顧、則用截捶、雙顧、則用橫捶、顧上、則用冲天砲、顧下、則用握地砲、顧前後、則用前後稍捶、顧左右、則用填邊砲捶、或填身砲捶、

此亦隨機而動、非若他门之鉤連蓬架也、閘法者、有左閘、有右閘、有勁閘、有柔開、左開如裡填、右開如外填、是也、勁閘即如前六藝之硬舫、柔閘即如後六勢之軟舫、是也、截法者、截手、截身、截言、截面、截心、而已、截手者、彼先動而截之也、截身者、彼未動而截之也、截言者、彼言露其意而截之也、截面者、彼面露其色而截之也、截心者、彼眼笑、眉喜、言甘意恭、我防其有心而迺機以截之也、則截法亦何可少哉、追法者、與上法進法一氣貫注、即所謂隨身緊趨、追風趕月、不敢放鬆是也、彼雖欲走而不能也、何慮其邪術乎、

九曰三性調養法、蓋眼為見性、耳為靈性、心為勇性、此三性藝中之妙用也、故眼中不時常循環、耳中不時常報應、心中不時

常母醒、則精靈之意在我、應不至為人所

貴、而無見機之哲也、

十曰内勁法、夫内勁者、寄於無形之中、而

接於有形之表、難以言傳者也、然其理則

可參焉、蓋志者、氣之帥也、氣者、體之充也、

心動而氣即隨之、氣動而力即赴之、此必

至之理也、今以切於藝者言之、以為創勁

者、非也、以為攻勁者、非也、以為崩勁者、亦

非也、殆粘觔也、夫創觔太直、而難起落攻觔太死、而難爲變化、崩觔太促、而難爲展拓、要皆強硬露形、而不靈也、惟粘觔者、出没甚捷、可使日月無光、而不見形、手到觔發、可使陰陽交合、而不費力、總之、如虎之登山、如龍之行空也、以上九法、練爲一貫、而武藝不已成乎、吾會其理、摘其要、而釋之、以爲後之習藝者訓、至於姫鄭两先生、

之刀法、槍法、拳法、棍法、詳著於後、以備參考可也、

入陰而胷陽、頭手扢抖彎、脾氣往上參、五節要成連、八節發勇氣、九節帶手彎、身手心一動、脚手便連環、上下來走勢、內藏有三戰、出手為奸戰、回手為滑戰、打者為強戰、三戰合一處、成彖在內間、未曾發後手、氣撐後腿膝、心氣往外換、肝氣往上頂、陽

氣落於顴角、陰氣落於枕骨、

鄭氏拳法

起於横拳實難招、展開四平前後稍、望眉鑽、加反背如虎搜山、斬手砲、車行如風鷹抓四平、足下存身、進步採打莫容情、搶上搶步十字拳、剪子股十甲擒拿、進不能取勝、必有舍寒之心、拳打遍身是法、脚踢渾身是空、拳去不空回、空回總不奇、遠處不發脚、發脚不打人、見空不打、先打顧法、後打空、依本心隨機應變、隨手足快如追風、手起莫要望空落回、脚起莫要望空落、閃、強退者、十連緊追、欲閃者、還填相通、隨高打高、隨低打低、起為横、落為順、乃為正方、手起脚不隨、不能打人、脚起手不下、亦是罔然、心不勇、則手不推、搕不上、多出變化、總由於三節不明、上節不明、恐中人之輸拿下節不明恐中人之盤跌、中節不明則自己渾身是空、故必心與意合、氣與力合、筋與骨合、手與足合、肘與膝合、肩與跨合、明此六合、然後三節明、而藝可習也、六合自古無雙傳、許多玄妙在其間、假若傳與無義人、招災惹禍損壽元、此藝之不可輕傳也、武藝都講無真傳、任變化勢無窮、豈知悟得嬰兒、玩打法、天然是生成、此藝之不可强制也、脚打七分拳打三、五行四梢要和全、氣浮心意隨時用、硬打硬進、無遮攔此、藝之不可輕試也、且推而論之、弹上如風响、起落如箭攢、遇人要取勝、四梢先要明、明了四梢多一精、明了五行多一氣、明了三節多一力、三回九轉是一勢、一件通、件件通、是在學者、能悟而已、悟開起落進退精、眼觀耳聽語中情、血梢分明多害怕害怕之時緊存心、牙骨肉稍多强辯强辯之時仔細聽、筋骨未動要一氣、四梢裡邊無遠近、明了四梢、永不息、閑住動容、永無凶、拳上一氣、兵戰殺氣、無不取勝、君與臣、將與兵、合一氣、蓋乾坤總無歹意、遠近一丈步爲疾、兩頭回轉緊相連、要知回轉這條路、近在眼前、一寸中、三起不見、三落不見、可見而不見、能見一身、莫見一心能交一言、莫交一心、總之、欲動占中間、祇在中間占其先、敵若不順用鎖口槍法、定其咽喉、是知起落不見形、見形不為能、天地交合、靈蔽日月、武藝相戰、閑住五行、乃要訣也、故曰、五行真如五道関、無人把守自遮攔、心比懸胆鏡、手似如意鈎、君子若習文武藝、憑著三情會其真、

姬氏槍法

論槍法、憑着己心、若己心不明、反悞後人
即如起落、隨意要身平、身法中平永無凶、
單指迎風上法難、總是上法還占先、身平
蓋世最為先、武藝只在一怒間、此槍不用
闪法進、單鳳朝陽非為偏、前手指定休要
戰、後手不離脇內藏、蛟龍戲水方為奇、翻
江倒海何用忙、此槍法以何為總、總休離
四封四闭、未尚他不知深淺、五花槍、不戰

定乾坤、虬戰槍、休離杆進、攔路槍、似虎逼人、鎖口定身休離位、出洞入洞緊隨身、遇下槍莫要捉拏、遇上槍定照中平、如回槍還照一樣、百骨靠山、要靠定、靠定自身往前行、中平自是還照定、照定卧虎往前劄、左盤槍、蛟龍戲水、右盤槍、不可容情、犯盤槍、定南針、中平鎗、推後手劈面相逼、他遮咱也遮、只要前手捉的住、前手後手莫犯陽如犯陽手定不强起戰中平難變化硬勢蜈蚣槍、即忙存、下、起前手、後手緊推、起戰槍、莫存上下定、起手纔可進他杆、遮杆休捉杆、填前膀、推後手、從後手搭住杆、劈面相迊、穿指槍、丢左手、上右腿、單肩相迊、五虎群羊、難封闭、莫要存身休停住、縱有强法不為奇、如有槍法、何用忙、前頭迊先劄後頭、四面槍、一面藏身、出门槍、劈面相迊、閃兩旁如飛緊出、長進短不閑桿、短進長不用忙、長進短、硬打硬進、短進長、先進擗身、進裡身、先上右腿、進外身、先上左腿、短進長、如赶他、封一尺進二尺、不可抵拿、長進短、如赶他、隄防着左右閃法、遇鉄鞭、隨身緊趂、迊面指不可容情、如闪澗往後閃、單指鞭落、遇鐮劄欺住上、莫要荒忙、假如還槍住杆以何為法、如裡身搶住、填前膀推後手、上右腿還往裡闪、外身搶住退前腿、劄左右、盡是閃法、進刀法、何爲交口、定中指渾身是空、槍吃槍堪定前手、槍離槍堪定後手、能叫他高一尺、不叫他低一寸、能叫遠進一丈、不叫他近進四指、是槍法何槍爲總、總槍法、要知首尾、未進槍、先使蛇戰、如退槍、賍定始終、始終槍、是死中反活、活中反死、進、走低、退走高、起望落、落

望起、乃為始終、鷄子鑽林、須束翅、隄防着
青龍槍、硬往下捉、靈芝穿心要堪定、燕子
取水、緊隨跟抽梁換柱、要纏定、左右纏定、
休離杆、死蛇塌地莫要下、往後閃、閃離杆、
方可用伏虎槍、往上復紮、鉄翻杆永世不倒、
有促法、何不早進、低盤槍、將虎捕槍、破他
六亞槍、縱發不奇、用天蓬槍、隨身緊趋追
風赶月、不放鬆遲、欲使花槍定休促、祇在

中間微微斜未使槍、防備他搶鼠槍先紮
絞腸堪前膀、推後手、不可放鬆、前手未起
見交口、他縱有空難以進、兩脇拘住不低
頭、蓋世槍法縱縱不奇、講起落何為起落、起
撩陰紮穿指、劈面相迎、落浮眉、存地蛇、中
心定住、講起落知高低、不為出奇、講長短
知進法、不為出奇、講進退知遠近、不為出
奇、原來是依本心、依本性隨便行事、論變

化、變化無窮、論進退、進退難執、仔細參真方、莫在勢裡纏、總槍法、有多少數目、共數目九十二法槍、有數槍、不在其論、隨帶着一個方暗、無有形、不得明、依何憑據、九十二槍、盡出本心、不過是主人翁一怒間喊動枝葉、一枝動、百枝動身、動不及心動、心到一心後到一身、未動不可畏戰、畏戰不能疾進、能吽一思進、不吽一思存、說話三思必無錯武藝，犯思必有凶。解其意曉知兵法、強退者、即要緊追、善走者、必有邪術、明三進、暗五行、豈可置而不論、進常偷身容易躲、暗後三槍最難防、單鳳槍、硬勢難上、起、中央分定兩旁、單封不單紮、單紮不單封先起一寸為師、後起一寸為弟、大戰要以順天、小戰要以順時、順天祇是主一風、順時祇是主一氣、如知氣則能其知心、

見其形容、曉知吉凶、

趨避法

進步捷如風　失機退宜快　乘勢挿鋒入　身稍向前邁

去從避中取　實從虛中生　勢猛君休懼　四兩撥千斤

見手要法

不接不離　不丟不頂　打虎先傷爪

用鎗要訣

鎗是纏腰鎖　先劄手和脚　鎗劄一点。刀砍一線。棍打一片。

六合拳论校释

六合拳论

铉臣温视

六合拳论序

闻之子不语力〔一〕，固尚德而不尚力之意也。然夹谷之会〔二〕，必用司马，且曰：吾门有由，恶言不入于耳〔三〕。是武力亦诚不可少矣。于是乎，顾其身家，保其性命，有拳尚焉。拳之种类，不同他端，亦不知造自何人。惟此六合拳，则出自山西龙凤姬先生。先生生于明末，精于枪法，皆见以为神，而先生犹有虑焉。以为吾处乱世，出可以操兵，则执枪以自卫可也。若当太平之日，刀兵鞘伏，倘遇不测，将何以御之？于是，即枪法为拳法，而会其理于一本，通其形于万殊，名其为『六合』，约其要为前后各六势。

夫一本者，心意之灵也；万殊者，形势之变也。六合者，心与意合，气与力合，筋与骨合，手与

〔一〕子不语力，语出论语·述而：『子不语怪力乱神。』

〔二〕夹谷之会，事载于左传·定公十年：『夏，公会齐侯于祝其，实夹谷。』这是齐鲁两国的一次著名会盟。

〔三〕『吾门有由，恶言不入于耳』，语出史记·仲尼弟子列传：『自吾得由，恶言不闻于耳』。

足合，肘与膝合，肩与胯合，一以贯之者也。至于前后各六势者，一势变为十二势，十二势仍归于一势。而且有劲柔之分焉。劲者在前，固征其异；柔者在后，尤寄其妙。亦由显入微、由粗得精之意也。

乃世之演艺者，多惑于异端之说，而以善走为奇，亦知此拳有追法乎？以能闪为妙，亦知此拳有捷法乎？以左右封闭为得力，亦知此拳有动不见形、一动即至而实不及封闭乎？且即之能走、能闪、能封、能闭，亦必目有所见而能然也。

故曰：昼间逞其变化，或犹可以取胜；若黑夜时，偶遇贼盗，猝逢仇家，不能见其所以来，将何以闪而逃之？不能见其所以动，将何以封而闭之？岂不反误自身乎？惟我六合拳者，炼上法、顾法、开法于一贯，而其机至灵、其动至捷，虽黑夜之时，而风吹草动，有触即应，并不自知其何以然也。惟精于是者，自领之耳。

然得姬师之真传者，有其徒郑氏焉。郑氏于拳棍刀枪无所不精，而会通其理，因述为论，乃知一切武艺皆出于拳内也。彼世之习六合拳者，亦各不同，岂其始艺之不类与？谅以业此者，未得其真，故『差之毫厘，谬以千里』。况乎愈传愈讹，且不仅差之毫厘也。

予幸得学于郑师，以接姬师之传者也。故法颇真，而予得之最详，顾（故）[一]就其论而释之，著为『十法摘要』，非敢妄行诸世也，聊以诲其子弟云尔。

故作序以志之。

〔一〕顾，据文义，疑为『故』字之误。

十法摘要

一曰：三节。

举一身而言，则手腕为稍（梢）[一]节，腰胯为中节，足腿为根节是也。然分而言之，三节中又各有三节。如手为稍（梢）节，肘为中节，肩为根节，此稍（梢）节中之三节也；如胸为稍（梢）节，心为中节，丹田为根节，此中节中之三节也；如足为稍（梢）节，膝为中节，胯为根节，此根节中之三节也。要不外于起、随、追而已。盖稍（梢）节起，中节随，根节追。三节应，不至有长短曲直之病，亦无参差俯仰之虑矣。此三节所以贵明也。

二曰：四稍（梢）。

盖发为血稍（梢），指为筋稍（梢），牙为骨稍（梢），舌为肉稍（梢）。四稍（梢）齐到，则内觔（劲）[二]出。有谓『两手、两足为四稍（梢）者』，非也。

三曰：五行。

五行者，金、木、水、火、土，内对人五脏[三]，外对人五官[四]。夫心属火，心急勇力生；脾属土，

〔一〕稍，据文义，当作『梢』字。后同。

〔二〕觔，古文中同『筋』或『斤』，在一些清代拳谱中，有时又意同『劲』字。在此谱中，据文义，当作『劲』字。后同。

〔三〕五脏，中医称心、肝、脾、肺、肾为『五脏』。

〔四〕五官，具体指代说法不一，此处指目、鼻、耳、舌、唇。

脾动大力攻；肝属木，肝急火焰征〔一〕；肺属金，肺动沉雷鸣；肾属水，肾动快如风。此五行之存于内也。目通于肝，鼻通于肺，耳通于肾，口舌通于心，人中〔二〕通于脾，此五行之著于外也。故曰『五行真妙五道关，无人把守自遮拦，天地交合，灵蔽日月，武艺相战，蔽住五行』，真确论也。而所最宜知者，手心通，心属火；鼻尖通，肺属金。火到金回，亦自然之理也。余可类推。

四曰：身法。

身法有八要，起落、进退、反侧、收纵而已。大起落者，起为横、落为顺也；进退者，进走低、退走高也；反侧者，反身顾后、侧身顾左右也；收纵者，收如伏猫，纵如放虎也。大抵以中平为宜，以正直为妙，与三节法相贯，此又不可不知。

五曰：步法。

步法者，寸步、颠步、过步、快步、剪步是也。如三尺远，则寸一步可到；如四五尺远，则颠一步仍上前脚；如遇身大力勇者，则进前脚急过后脚；如一丈八尺远，则用快步。快步者，起前脚，带后脚，平飞而走，并非踊跃而往也，此马奔虎剪之意。非艺成者不可轻用，惟远不发脚而已。如遇人多，或有器械，则连腿带脚并剪而上，即所谓采脚一[illegible]起之说也。善学者，随便用之。纵（总）〔三〕之，

〔一〕征，有表露出来的迹象之意。

〔二〕人中，指人的上唇正中凹下的部分。

〔三〕纵，据文义，应为『总』字之误。后同。

法不可执〔一〕，习之纯熟，用之无心，方尽其妙也。

六曰：手足。

手足者，单手、双手、起手、领手而已。起前手，如鹞子钻林，须束翅束身而起；推后手，如燕子取水，往上翻长身而落。此单手之法也。如双手，则两手交互并起并落，起如举鼎，落如分瓶是也。至于筋稍（梢）发，有起有落者，谓之『起手』。筋稍（梢）不发，起而未落者，谓之『领手』。纵（总）之，直而非直，曲而非曲，肘护心发，手撩阴起，而其起如虎之扑人，其落如鹰之抓物也。足法者，起翻落攒，忌踢宜采（踩）〔二〕而已。盖起腿望膝、起膝望收、足打膝分而出，而其形上翻，如手之起撩阴也。至于落，则如以石攒物也，如手之落浮眉也。其忌踢者，脚踢浑身是空也。宜采者，即手之落如鹰抓是也。是知手足之法，本自相同，而足之为用，亦必如虎行之无声，龙行之莫测，然后可也。

七曰：上法、进法。

盖上法以手为妙，进法以步为奇，而总以身法为要。其起手如丹凤朝阳是也，其进步如抢上抢步、进步采打是也。是必三节明、四稍（梢）齐、五行蔽、身法活、手足连，而后因其远近，随其老嫩，一动而即至是也。然其方亦有六。六方者，工、顺、勇、疾、狠、直，尽之。夫工者，巧妙也；顺者，自然也；勇者，果断也；疾者，紧快也；狠者，动不容情，心一战而内觔（劲）出也；直者，发必中的、

〔一〕执，有固执之意。

〔二〕采，据文义，应为『踩』字之误。

见之真而彼难变化也。六方明，则上法得矣。

八曰：顾法、开法、截法、追法。

顾法者，单顾、双顾、上顾、下顾、前顾、后顾、左顾、右顾是也。如单顾，则用截捶；双顾，则用横捶；顾上，则用冲天炮；顾下，则用握地炮；顾前后，则用前后稍（梢）捶；顾左右，则用填边炮捶或填身炮捶。此亦随机而动，非若他门之钩连蓬架也。开法者，有左开，有右开，有劲开，有柔开。左开如里填，右开如外填是也；劲开即如前六艺之硬觔（劲），柔开即如后六势之软觔（劲）是也。截法者，截手、截身、截言、截面、截心而已。截手者，彼先动而截之也；截身者，彼未动而截之也；截言者，彼言露其意而截之也；截面者，彼面露其色而截之也；截心者，彼眼笑眉喜、言甘意恭，我防其有心而迎机以截之也。则截法亦何可少哉？追法者，与上法、进法一气贯注，即所谓随身紧趋，追风赶月，不敢放松是也。彼虽欲走而不能也，何虑其邪术乎！

九曰：三性调养法。

盖眼为见性，耳为灵性，心为勇性。此三性，艺中之妙用也。故眼中不时常循环，耳中不时常报应，心中不时常警醒，则精灵之意在我，应不至为人所卖而无见机之哲〔一〕也。

十曰：内觔（劲）法。

夫内觔(劲)者，寄于无形之中而接于有形之表，难以言传者也。然其理则可参焉。盖志者，气之帅也；

〔一〕哲，有智慧之意。

气者，体之充也。心动而气即随之，气动而力即赴之，此必至之理也。今以切于艺者言之，以为创觔（劲）者，非也；以为攻觔（劲）者，非也；以为崩觔（劲）者，亦非也；殆粘觔（劲）也。夫创觔（劲）太直而难起落，攻觔（劲）太死而难为变化，崩觔（劲）太促而难为展拓，要皆强硬露形而不灵也。惟粘觔（劲）者，出没甚捷，可使日月无光而不见形，手到觔（劲）发，可使阴阳交合而不费力。总之，如虎之登山，如龙之行空也。

以上九（十）[一]法练为一贯，而武艺不已成乎！吾会其理，摘其要而释之，以为后之习艺者训。至于姬、郑两先生之刀法、枪法、拳法、棍法，详著于后，以备参考可也。

入阴而负阳，头手扢抖[二]湾（弯）[三]。脾气往上参，五节要成连。

八节发勇气，九节带手湾（弯）。身手心一动，脚手便连环。

上下来走势，内藏有三战。出手为奸战，回手为滑战，打者为强战。

三战合一处，成象在内间。未曾发后手，气撑后腿膝。

心气往外换，肝气往上顶。阳气落于额角，阴气落于枕骨。

〔一〕九，据前文内容，应为『十』字之误。

〔二〕扢抖，有抖动、晃动之意。

〔三〕湾，据文义，当作『弯』字。后同。

郑氏拳法

起于横拳实难招，展开四平前后稍（梢）。望眉钻，加反背，如虎搜山，斩手炮，车行如风。

鹰抓四平，足下存身，进步采打莫容情。抢上拎步，十字拳，剪子股，十甲擒拿。

进不能取胜，必有舍寒之心。拳打遍身是法，脚踢浑身是空。

拳去不空回，空回总不奇。远处不发脚，发脚不打人。

见空不打，先打顾法后打空。依本心随机应变，随手足快如追风。

手起莫要望（往）〔一〕空落回，脚起莫要望（往）空落闪。强退者，十连紧追；欲闪者，还填相迎。

随高打高，随低打低。起为横，落为顺，乃为正方。

手起脚不随，不能打人；脚起手不下，亦是罔（惘）〔二〕然。心不勇，则手不推；搕不上，多出变化。

总由于三节不明：上节不明，恐中人之擒拿；下节不明，恐中人之盘跌；中节不明，则自己浑身是空。故必心与意合，气与力合，筋与骨合，手与足合，肘与膝合，肩与跨（胯）〔三〕合。明此六合，然后三节明而艺可习也。

六合自古无双传，许多玄妙在其间。假若传与无义人，招灾惹祸损寿元。此艺之不可轻传也。

〔一〕望，据文义，当作『往』字。后同。
〔二〕罔，古文中通『惘』字。
〔三〕跨，据文义，应为『胯』字之误。

武艺都讲无真传，任变化，势无穷。岂知悟得婴儿玩，打法天然是生成。此艺之不可强制也。脚打七分拳打三，五行四稍（梢）要和全。气浮心意随时用，硬打硬进无遮拦。此艺之不可轻试也。且推而论之，弹上如风响，起落如箭攒。遇人要取胜，四稍（梢）先要明。明了四稍（梢）多一精，明了五行多一气，明了三节多一力，三回九转是一势。

一件通，件件通，是在学者能悟而已。悟开起落进退精，眼观耳听语中情。血稍（梢）分明多害怕，害怕之时紧存心。牙骨肉稍（梢）多强辩，强辩之时仔细听。筋骨未动要一气，四稍（梢）里边无远近。明了四稍（梢）永不息，闭住动容永无凶。

拳上一气，兵战杀气，无不取胜。

君与臣、将与兵合，一气盖乾坤，总无歹意。远近一丈步为疾，两头回转紧相迎。要知回转这条路，近在眼前一寸中。

三起不见，三落不见，可见而不见。能见一身，莫见一心。能交一言，莫交一心。

总之，欲动占中间，只在中间占其先。敌若不顺，用锁口枪法定其咽喉。是知起落不见形，见形不为能。天地交合，灵蔽日月，武艺相战，闭住五行，乃要诀也。故曰：五行真如五道关，无人把守自遮拦。心比悬胆镜，手似如意钩。君子若习文武艺，凭著（着）[一]三情会其真。

〔一〕著，据文义，当作『着』字。

姬氏枪法

论枪法，凭着己心，若己心不明，反误后人。即如起落随意要身平，身法中平永无凶。单指迎风上法难，总是上法还占先。身平盖世最为先，武艺只在一怒间。此枪不用闪法进，单（丹）〔一〕凤朝阳非为偏。前手指定休要战，后手不离胁内藏。蛟龙戏水方为奇，翻江倒海何用忙。

此枪法以何为总，总休离四封四闭，未尚他不知深浅。五花枪，不战定乾坤；虬战枪，休离杆进；拦路枪，似虎逼人。锁口定身休离位，出洞入洞紧随身。遇下枪，莫要捉拿；遇上枪，定照中平；如回枪，还照一样。

百骨靠山要靠定，靠定自身往前行。中平自是还照定，照定卧虎往前劄（扎）〔二〕。左盘枪，蛟龙戏水；右盘枪，不可容情；犯盘枪，定南针；中平枪，推后手，劈面相迎。

他递咱也递，只要前手捉的（得）〔三〕住。前手后手莫犯阳，如犯阳，手定不强。起战中平难变化，硬势蜈蚣枪，即忙存下。起前手，后手紧推起战枪。莫存上下定，起手才可进。他杆递杆休捉杆，填前膀，推后手，从后手搭住杆，劈面相迎。穿指枪，丢左手，上右腿，单肩相迎。五虎群羊难封闭，莫要存身休停住。

〔一〕单，据文义，应为『丹』字之误。
〔二〕劄，据文义，当作『扎』字。后同。
〔三〕的，据文义，当作『得』字。

纵有强法不为奇，如有枪法何用忙？前头迎，先劄（扎）后头；四面枪，一面藏身；出门枪，劈面相迎；闪两旁，如飞紧出。长进短，不用杆；短进长，不用忙；长进短，硬打硬进；短进长，先进揜身；进里身，先上右腿；进外身，先上左腿。短进长，如赶他，封一尺，进二尺，不可捉拿；长进短，如赶他，隄（提）〔一〕防着左右闪法。

遇铁鞭，随身紧趋，迎面指，不可容情。如闪开，往后闪，单指鞭落；遇镰劄（扎），欺住上，莫要荒（慌）〔二〕忙。

假如还枪住杆，以何为法？如里身抢住，填前膀，推后手，上右腿，还往里闪；外身抢住，退前腿，劄（扎）左右，尽是闪法。

进刀法，何为交口？定中指，浑身是空；枪吃枪，堪定前手；枪离枪，堪定后手。能叫他高一尺，不叫他低一寸；能叫远进一丈，不叫他近进四指。

是枪法，何枪为总？总枪法，要知首尾。未进枪，先使蛇战；如退枪，照定始终；始终枪，是死中反活，活中反死。进走低，退走高，起望落，落望起，乃为始终。

鹞子钻林须束翅，隄（提）防着青龙枪硬往下捉。灵芝穿心要堪定，燕子取水紧随跟。抽梁换柱要缠定，左右缠定休离杆。死蛇塌地莫要下，往后闪，闪离杆，方可用伏虎枪往上复扎。铁翻杆，永

〔一〕隄，据文义，当作『提』字。后同。

〔二〕荒，据文义，当作『慌』字。

世不倒。有促法，何不早进？低盘枪，将虎捕枪，破他六亚枪。纵发不奇，用天篷枪，随身紧趋，追风赶月，不放松迟。欲使花枪定休促，只在中间微微斜。未使枪，防备他拾鼠枪，先扎绞肠。堪前膀，推后手，不可放松。前手未起见交口，他纵有空难以进。两胁拘住不低头，盖世枪法纵不奇。

讲起落，何为起落？起撩阴，扎穿指，劈面相迎。落浮眉，存地蛇，中心定住。讲起落，知高低，不为出奇。讲长短，知进法，不为出奇。讲进退，知远近，不为出奇。原来是依本心、依本性随便行事。

论变化，变化无穷；论进退，进退难执。仔细参真方，莫在势里缠。

总枪法有多少数目？共数目九十二法枪。有数枪不在其论，随带着一个暗方。无有形，不得明，依何凭据？九十二枪尽出本心，不过是主人翁一怒间喊动枝叶，一枝动，百枝动，身动不及心动。心（先）〔一〕到一心，后到一身。未动不可畏战，畏战不能疾进。能叫一思进，不叫一思存。说话三思必无错，武艺犯思必有凶。

解其意，晓知兵法。强退者，即要紧追；善走者，必有邪术。明三进，暗五行，岂可置而不论？进常偷身容易躲，暗后三枪最难防。

单凤枪，硬势难上，起中央，分定两旁。单封不单扎，单扎不单封。先起一寸为师，后起一寸为弟。大战要以顺天，小战要以顺时。顺天只是主一风，顺时只是主一气。如知气，则能知其心，见其形容，晓知吉凶。

〔一〕心，据文义，疑为『先』字之误。

附录〔一〕

趋避法

进步捷如风，失机退宜快；乘势插锋入，身稍向前迈；

去从避中取，实从虚中生；势猛君休惧，四两拨千斤。

见手要法

不接（即）〔二〕不离，不丢不顶，打虎先伤爪。

用枪要诀

枪是缠腰锁，先劄（扎）手和脚。

枪劄（扎）一点。刀砍一线。棍打一片。

〔一〕『趋避法』『见手要法』『用枪要诀』，字体与前文有异，疑是后来补写，故列为『附录』。

〔二〕接，据文义，当作『即』字。

拳论抄要

提要

拳论抄要，一册，抄本，每页八行，字体行楷相间。据山西省武术征集活动『三献』实物鉴定、评选、审核表介绍，此谱原由吴华亭抄于清光绪二十九年（一九〇三），后又陆续抄录其所作的『进退连环歌诀』『鸳鸯脚六路』『练剑秘诀』。此谱封面为一九八〇年元旦所补，题有『内功经　纳卦经　地龙经等　太谷吴氏手抄并校订　一九八〇年元旦』字样，其卷首题署『山左琅琊（玡）王南溪注解，海右珠山宗景房参阅』。此谱于一九八六年一月由吴华亭之子、山西省文物局资料室的吴连成捐献，现藏于中国武术研究院，院藏编号为G852.1-6。

依谱中所记，『此书初起得者，言清顺治之初总宪王公得之于水底石函中，上卷名「剑丹」，下卷名「内功」』，可见此谱内容缘起甚早。谱名『拳论抄要』，汇辑了诸多拳械内容，主要包括内功经、纳卦经、神运经、内功十二力法、地龙经、十法摘要、郑氏拳法、五行拳、姬氏枪法，同时还有太极拳谱中的拳论质疑序、十三势歌、太极拳势法名堂谱，以及民国以后陆续补入的进退连环歌诀、鸳鸯脚六路、练剑秘诀。考虑到文本的完整性，故将进退连环歌诀、鸳鸯脚六路、练剑秘诀列为附录。

值得指出的是，此谱中有关内功经、纳卦经、神运经、地龙经以及山右王宗岳先生等内容的记述，在清代其他武术文献中鲜有提及，值得重视。

拳论抄要影印

拳论抄要

内功经纳卦经地龙经等

太谷吴氏手抄并校订

一九八〇年元旦

內功經卷一

山左瑯琊王溪南註解
海右珠山宗景房叅閲

「內功得傳，脉絡甚真。」

內功之要，第一要知脉絡，脉絡不知，勉強用之，無益有損。

「前任後督，氣行滾滾。」

任脉起于承漿，直下至陰前骨，高督脉起于尻尾，直上由脊過泥丸，下印堂，至人中而止。

「井池雙穴，發動循循。」

井者，肩井穴也，肩頭分中。池者，曲池穴也，肘頭分中。此週身發動之所也。

「千變萬化，不離乎本，得其奧妙，方歎無根。」本者，自然之真氣也。用功之久，方悟其妙。曰

「尻尾龜尾升氣丹田煉神。」

尻尾骨盡處也，用力向上翻起，真氣自然升矣。臍下一寸二分，丹田穴也。用功時，存之神於此處。

「氣下於海，光聚天心。」

小腹正中為氣海，頭上正中為天心。形光于外也。既明脉絡，次觀格式。格式者，入門一定之規。

不明此，即脉絡亦空談耳。

「頭正而起，肩平而順，胸出而閉。」

正頭起項，壯面神順，肩活背勢平正，胸出身威（微），有收斂。此式中正真竅也。

「足堅而穩，膝曲而伸，襠深而藏，胯閉而張」，足忌動，膝用力，前陰後縮而胯開，

「氣調而匀，勁鬆而緊」。

出氣莫令耳聞，勁必先鬆而後緊，緩緩行之。

「先吸後呼，一出一入，先提後下，一升一伏，內有丹田，氣之歸宿，吸入呼出，勿使有聲」。提者，吸氣之時，存想真氣上升至項下，真氣落下也。伏者，覺周身之氣漸小，墜于丹田，龍蟄虎卧，潛伏也。

「下收穀道，上提玉樓，或立或坐，吸氣于喉，以意送下，漸至底收」。收穀道者，慎氣泄也。提玉樓者，耳後高骨也。使氣往下，無阻礙也。不拘坐立，氣至喉，以肺心也。氣雖聚于丹田，存想沉至底方妙。

「升有升路，脇骨齊舉，降有降所，愈口氣路」。

氣生于兩脇，骨縫極力開張，向上舉之，自然得竅。降特必有愈口，以透入前心，方得真路。

「既明氣竅，再詳觔訣。曰、觔、通之順也。曰透、骨之速也」。

通透往來，無碍也。伸觔拔力，以和拔柔軟之意。

「曰穿、觔之連也。曰帖、觔之絡也」。

穿帖橫豎，連絡也。伸觔拔力，似剛堅凝結之意。

「曰鬆、觔之漁也。曰漢、觔之莘也」。

鬆漁者，柔之極也。養精蓄鋭之意也。漢莘者，剛之極也，氣血結聚之謂也。如絶之繫，漢水之清。

「曰合、觔之一也。曰堅、觔之轉也」。

合者、合週身之一也。堅者、横竪斜纏之謂也。

「按肩以練步、逼臂以堅膝、圓襠以堅胯、提胸以下腰」。按肩者、將肩井穴之觔、沉至湧泉。逼臂者、兩臂極力帖住也。圓襠者內向外極力掙横也。「提胸前提頰以正項、帖背以轉斗、鬆肩以出觔」。

頦骨向上、提起項是也。兩背骨用力帖住、覺其觔至臍下、而出至六腑穴、向外轉出、至斗骨而出回觔之時、將肩井穴軟意鬆開、自然無碍也。

「折天柱以下氣、膽合骨以立門」。

此穴從項後高骨上下氣之時、極力帖之。合骨者、虎口穴也。遇敵時、擎拳目視之。

「橫觔豎觔，辨之分明，橫以臍豎，豎以臍橫用之」。

豎者，肩至足底也。橫者兩臂手以身說。豎者，自腋至肩井穴也。橫者，自六腑轉于斗骨背也，自臑至足底，自膝至于臏，以腿而言之。

「吾氣朝元，周而復始，四肢元首，收納甚妙」。

吸氣納于丹田，丹升真炁至背骨，搏于頭，伏至俞口降。

于丹田，一運真炁至臑，下于足底，復上至外胯，升于丹田。二運真炁至背骨，搏裡出手，復至六腑，轉於丹田，一升一降，一下一起，一出一入，並行不悖，周流不息，久久用之，妙處甚多。煉神炁返本還原。

「天地交泰，水升火降，頭足上下，交接如神」

「靜生光芒，動則飛騰，氣勝形隨，意帥神，神帥氣，氣帥形，形隨氣，勝調氣」。凡初入門時，每日清晨，靜坐盤膝，閉目鉗口，細調呼吸，一出一入，皆從鼻孔，而少時氣定，遂吸氣一口，納入丹田，助以津液，足三十六度，則真火自降矣。但吸氣時，須默想真氣自湧泉發出，升于兩脇，至兩脇升前胸，升于耳後，隨升于泥丸。降氣時，須默想真氣由泥丸至印堂，至鼻內，至喉，由喉至脊，由夾脊透于前心，由前心沉于丹田。丹田氣足，自能從尾閭升夾脊，上泥丸。

納卦經

☰ ☰ ☷ ☷

乾

頭項效法乎乾，取其剛健純粹。足膝效法乎坤，取其鎮靜厚載。凡一出手，先視虎口穴，前嘴用力正平提起，後夾脊用力塌下，真氣來時，至達提氣穴，着力提住，由百會穴轉過崑崙，下明堂貫兩鼻，其氣欲鼻孔泄時，即更吸入丹田，兩耳下捲各三寸六分謂之項眼穴，用力向下截住，合週身全局用之，久自知其妙也。凡一用步，兩外虎眼極力向內，內虎眼極力向外，委中大筋竭立力用直，兩膝蓋骨復竭力要曲，四面合相交，合周身之力，向外一扭，湧泉之氣，自能從中透出矣。

☷ ☷ ☱ ☱

若夫肩背宜於鬆活，是乃巽順之義，臑胯又宜指緊，須玩兌澤之情，塌肩井穴，須將肩頂骨正直落下，與此肩骨相合，曲池穴比肩頂骨畧低半寸，手腕直與肩齊，背骨雖極力貼住，却是豎觔，不是橫觔，以豎則實，以橫則虛，下肩井穴至背底骨，直至足底，故謂豎觔，右背則將左背之觔，至骨底以意透於右背，直送下至二扇門穴，故謂橫筋。兩筋並用而不亂，元氣方能升降如意，而巽順之意得矣。膻胯要圓而緊，氣正直上行，不可前出，不可後撅，兩胯分前後，前胯用力向下，湧泉來時向上，並丸兩胯極力把按之，陰陽兩竅用力收住，總以骨縫口相兑外，外陰內陽忽忽相吞并為主。

䷳

艮象曰：時行時止，時止則其義深哉。腸者，暢也，奧腮也。胸欲竦起，艮山相似，胸有呼吸，震動莫疑。胸雖出而不高，腸雖閉而不束，雖張而不開，此中玄妙，難以口授。用腸須以意出，以氣勝，以神平，則為合式，非出骨內筋也。用腸以氣之呼吸為開閉，以手之出入為開閉，以身縱之橫為開閉。高矣筋在于足中，步筋在于手，[illegible]下步筋在于背，自然之理也。

☲ ☲ ☵ ☵

坎離之卦，此身内之義也。可以意合會，不可以言傳。心腎為水火之象。水宜升，火宜降，兩相濟，既水火相交，真氣乃萃，精神漸長，聰明且開，豈但筋乎？是以善于拳者，心講養氣，調水火，此一定之不易之理也。用功時，塌肩井，提胸脇，反龜尾，皆欲腎氣上交于心也。須以意導之，下氣煉歩，緊斂，皆欲心下達於腎也，亦須以意導之。

神運經　卷三　總訣四章

煉形而能堅，煉精而實氣，煉氣而能壯，煉神而能肥，固形氣以為縱橫之本，萃精神以為飛騰之基，故形氣炼能縱橫，精神煉能飛騰。

右第一章　言神運之體

先明進退之勢，復完動靜之根，進因伏而續後起，退方二合而即動，以靜為本，故身体雖急，而心自暇。動靜之妙，當明內外呼吸之間。縱橫者，勁之橫豎，飛騰者，氣之深微。

右第二章　言神運之式

擊手敵有用形、用氣、用神者。遲速、被攻者有什也、怯也、索也之深淺。以形擊形，自到後乃勝；以氣擊氣，手動而不畏；以神擊神，身未動而得入。形受形攻，形傷而什于他地；氣受氣攻，氣傷而怯於心；神受神攻，神傷而索于胆。

右第三章　言神運之用

縱橫者，腸中開合之式；丹田者飛騰也。丹田呼吸之間，進退隨手之出入，去來任氣之自然。氣欲滿而神欲斂，身以穩而步以堅。既不失之于輕，復不失之于重，探如鷹隼之飛騰，疾若虎豹之強悍。

右第四章　合言體用之義

山無泉則崩，木無本則倒，水無源則涸，功夫亦然。學者欲運神運動，必先知內功、納卦、十二大勁，全局精微，此妙方可學，此否則，不惟無益，而且有損。凡用此功，必須騎馬勢，穩住周身，全局足底，更要着意將丹田元氣沉住。一呼一縱，一吸則回縱。特兩足齊起，回特兩足齊落。此水不可變。然用勁因敵布陣，又當有高低遠近、遲速虛實，變化不一。剛柔動靜之間，成敗得失之机係焉，可不慎歟！慮動步不動，心動身不動氣，夫然後心靜而步堅，身動而氣穩，而精神得飛騰變化矣。

蓋知靜之為動亦靜也，知動之為靜亦動也。善于神運者，神緩而眼疾，氣緩而步疾，蓋因外疾而內緩。外柔而內剛，知體用之妙也。嗚呼，以柔用剛，方是真剛；以緩用疾，方是真疾。此中奧妙，皆得于象外，而非可以形迹求也。學者入研神運之法，自能悟其妙理。

內功十二力法

一、底煉穩步如山，　二、堅膝曲直似柱，　三、襠胯內外湊集，　四、胸背剛柔相濟，

五、頭顱正側撞敵，　六、三門堅肩帖背，　七、二門橫竪用肘，　八、穿骨破彼之肋，

九、堅骨掛彼之下，　十、內掠敵彼之裏，　十一、外格敵彼之外，　十二、掠功上下內外。

地龍經　卷四　十二局

地龍真經，利在底功。用腿腳撩人，布粘之枝（技）耳。全身練地，強固精明。

氣血精神，練成團隨用。伸可成曲，住亦能行。伸曲自然，行住任我，何式不可。

曲如伏龍，伸比騰龍。縮四肢頭伏手上，龍（蜿蜒）起立如常。行住無跡，伸曲潛蹤。

上下伸縮，變化莫測。身堅似鐵，法密如龍。不堅則亂，不密則失。

翻猛虎豹，轉疾隹鷹。虎必須猛，鷹轉（在）疾。側分前後，左右分明。

閃轉騰挪，使敵人回不能顧。門有變化，法有定形。反側仰伏，手足功（攻）盤，妙難窮。

前功（攻）後手（守）二三門同。功（攻）前以掌當先，肩肘濟之。攻後功用足踵膝通功。

一下步用功，以足當先。遠則追擊，近則接迎。憑膽當要，迅速得法。

大勝着地，側身局成。側倒在地，用手輕接勿動。仰倒若坐，尻尾单憑。

以尻骨作轉軸。高低任意，遠近縱橫。暗屈一足，着地即起。

此書初起得者，言清治之初，縱憲王公得之於水底石函中。上卷名劍丹，下卷名內功。百年之後，南溪子悟透，方知是寶，傳於其知己。宗景房學者，用此必須從內功起手，納卦次之，神運又次之，地龍收功，久而久之，無敵於天下矣。

拳論質疑序

聞之子不語力，固尚德而不尚力之意也。然夾谷之會，必用司馬，且曰吾門有由，惡言不入於耳，是武力亦誠不可少矣。

於是乎顧其身家，保其性命，有拳尚焉。拳之種類不同，他端亦不知造自何人，惟此六合拳，則出自山西龍鳳姬先生。先生生於明末，精於鎗法，皆見以為神。而先生猶有慮焉，以為吾處亂世，出可以操兵，則鎗可以衛身也。若當平太之日，刀兵銷伏，倘遇不測，將何衛之？於是鎗法而會其理于一本，通其形于萬殊，名其拳曰六合，約其要為前後各六勢。夫一本者，心意之靈也。萬殊者，心之變也。六合者，心與意合，氣與力合，筋與骨合，手與足合，肘與膝合，肩與胯合，一以貫之者也。至於前後各六勢者，一勢變為十二勢，十二勢仍歸一勢，而且有剛柔之分焉。[illegible]者在前，固徵其異；柔者在後，尤寄其妙，亦由顯入微，由粗得精之意也。乃世之演斯藝者，多惑于異端之說，而以善為奇，亦知此拳有追法乎？以能閃為妙，亦知此拳有捷法乎？以左右分閉為得力，亦知此拳有動不見形乎？一動即至，四實而實不及封閉乎？且及至能走能閉，能分能開，亦必目有所見而能然也。故曰晝間是其變化，或猶可以取勝，若黑夜時，偶遇賊盜，猝逢仇家，不能見其所以來，將何以閃而逃之；不能見其所以動，將何以逢而閒之，豈不反誤身乎？惟我六合拳者，煉上法顧法開法於一貫，而其機自靈，其動至捷，雖黑夜之時，而風吹草動，有觸即應，並不自知其何以然也。惟精于是者，自領之耳。然得姬師之真傳者，有其徒鄭氏焉。

鄭氏焉

鄭氏于拳棍刀鎗無所不精，而會通其理，因述為論，乃知一切武藝，皆出于拳內也。彼世之習六合者，亦各不同。豈其始藝之不類與，業此者未得真其故，差之毫釐，謬之千里。況乎愈傳愈訛，且不僅差之毫釐也。予幸得學於鄭師，以接

姬師之傳者也。故法頗真，而予得之最詳。故就其論而釋之，著為十法摘要，非敢妄行諸

世也。卿以誨其子弟云爾。故作序以誌之。

十法摘要

一曰三節。夫以一身而言，則腕手為梢節，腰胯為中節，足腿為根節是也。然分而言之，三節中又各有三節。如手為梢節，肘為中節，肩為根節，此梢節中之三節也。如胸為梢節，心為中節，丹田為根節，此中節中之三節也。如足為梢節，膝為中節，胯為根節，此根節中之三節也。要不外乎起、隨、追而已。蓋梢節起，中節隨，根節追，三節相應，不至有長短曲直之病，亦無仰俯之虞矣。此三節所以貴明也。

二曰四梢。蓋髮為血梢，指為筋梢，牙為骨梢，舌為肉梢。四梢齊到，則內勁出。有以兩手兩足為四梢者，非也。

三曰五行。五行者，金木水火土也。內對人五臟，外對人五官。夫心屬火，心急湧力生。脾屬土，脾動大力攻。肝屬水，肝急火焰蒸。肺屬金，肺動沉雷鳴。腎屬水，腎動快如風。此五行存于內也。目通于肝，鼻通于肺，耳通于腎，口舌通於心，人中通于脾，此五行著於外也。故曰五行真如五道關，無人把守自遮攔。天地交合，靈遮日月，武藝相戰，蔽主五行，真確論也。

而所最宜者也。手心通心，屬火；鼻尖通肺，屬金。火到金回，亦自然之理也。餘可類推。

四曰身法。身要起落、進退、反側、收縱而已。夫起落者，起為橫，落為順。進退者，進走低，退走高也。反側者，反身顧後，左右也。收縱者，收如伏貓，縱如放虎也。大抵以中平為宜，以正直為妙。與三節法相貫，此不可不知也。

五曰步法。步法者，寸步、顛步、過步、快步、翦步是也。如三尺遠，寸一步可到。如四五尺遠，則顛一步，仍上前足。如遇身大力湧者，則進足急過後足。如一丈八尺遠，則用快步。快步者，起前足，帶後足，平步如飛，並非踴躍而往也。此馬奔虎躍翦之意也。非藝成者，不可輕用，惟遠不發腳而已。如遇人多或有器械，則連腿足並翦而上，即所謂採腳趣之說。善學者，隨便使用。縱之法不可不熟習之純熟，用之無心，方盡其妙。

六合手足：手足者，單手、雙手、起手、領手。起前手，如鷂子入林，須束翅束身而起。推後手，如燕子取水，往上翻，長身而落，此單手之法也。如雙手，兩手交互並起並落，起如舉鼎，落如分氣是也。至于筋稍發，有起有落者，謂之起手。筋稍不發，起而未落者，謂之領手。縱之直而非直，曲而非曲，肘護心發，手肐隨起。而起其如虎之撲人，其落如鷹之抓物也。足法者，起、翻、落、攢，忌踢，宜踩而已。蓋起足腿望膝，膝望懷，膝打腰，分而出其形。上翻如手之起撩陰也。至於落，則以石攢物也。如手之落淨眉也。其忌踢者，腳踢渾身是空也。宜踩者，即手之落，如鷹抓是也。如手足之法，本自相同，而足之為用，亦必如虎行無聲，龍行莫測，然後可也。

旨。上法、進法，蓋上法以手為妙，進法以步為奇。而總以身法為要。如手起如丹鳳朝陽是也。其進步，如搶上、搶步、進步、採打是也。是必三節明，四梢齊，五行合，藏身法活，手足連，而後因其遠近，隨其老嫩，一動而即至是也。然其方亦有六。六方者，工、順、湧、疾、狠、直是也。夫工者，巧順自然也。湧者，果斷也。疾者，急緊是也。狠者，動不容情，心一動而內動者也。直者，發心中見直，而彼難變化也。六方明，則上法得矣。

八曰顧法、開法、截法、追法。顧法者，單顧、雙顧、顧上、顧下、顧前、顧後、顧左、顧右是也。如單顧則用截捶，雙顧則用橫捶。顧上則用沖天炮，顧下則用握地炮，顧前後則用前後梢捶，顧左右則用填邊炮捶，或填身炮捶，此一隨機而動，非他，門之鉤連進架也。開法者，有左開、右開、硬開、柔開。左開如袖填，右開如外填也。硬開即如前六勢之硬勁，柔開即如後六勢之軟勁是也。截法者，截手、截身、截言、截面、截心矣。而截手者，彼先動而截之也。截身者，彼未動而截之也。截言者，彼言露其意而截之也。截面者，彼面露其色而截之也。截心者，彼眼笑眉喜，言甘意恭，我防其有心而逆機以截之也。則截法亦何可少哉？追法者，與上法進法一氣貫注，即所謂隨身緊趁，追風赶月不放鬆也。彼雖欲走而不能也。何慮其邪術也。

九曰、三性調養法，蓋眼為見性，耳為靈性，心為湧性，此三性藝中之妙用也。故眼中不時常循環，耳中不時常振應，心中不時常驚醒，則精昊之意在我，應不至為人所賣，而無見機之捷也。

十四、內勁法，夫內勁者，寄於無形之中，而接于有形之表，難以言傳者也。然其理，則亦可參焉。蓋心志者，氣之帥也；氣者，體之充也。心動而即氣隨之，氣動而力即赶之，此必至之理也。今以切於藝者言之，以為創勁者非也，以為攻勁者非也，以為崩勁者亦非也。殆粘勁也。夫創勁太直，而難為起落；攻勁太死，而難為變化；崩勁太拙，而難為展拓。要皆強硬之露形，而不靈也。惟粘勁者，出沒甚捷，可使日月無光，而不見形；手動勁發，可使陰陽交合，而不費力。總之如虎之登山，如龍之行空也。以凡法練為一貫，而武藝已成乎？吾會其理，摘其要，釋之以為後之習藝者訓。至於姬、鄭兩先生之刀法、鎗法、拳法、棍法，詳著於右，以備參考可也。

帶手瀉

身手心一動，脚腿便連環。上下來走勢，內臟有三戰。出手為奸戰，回手為骨戰，打手為強戰。三戰合一處成象，內間存未曾發，後手氣撐腿腰。心氣外往換，肝氣往上頂，陽氣落於額角，陰氣落於枕骨。

鄭氏拳法

起於橫拳實難招，展開四平前後梢。望眉如龍出水，反背如虎搜山。斬手炮車行如風，鷹抓四平足下存身，步採打莫容情。

搶上搶步十字剪子股，十甲擒拿。進且不能取勝，必有含寒之心。拳打遍身是法，足踢渾身是空。拳去不空回，空回總不奇。

遠處不發足，發足不打人。見空不打，見空不上，先打顧法，後打空，依本心能應變，隨手足快如風。追手起莫望空落，回足莫要望空落閃強退者連緊追趕者還須相逐隨高打高，隨低打低。起為橫，落為順，乃為正方。手起而脚不隨，不能打人。足起手不下，枉然。心一不湧，則手不推擋不上，多出變化，總由於三節不明。而上節不明恐中人擒拿，下節不明恐中人盤跌，中節不明則自己渾身空。故必心與意合，氣與力合，筋與骨合，手與足合，肘與膝合，肩與胯合。明此六合，然後三節明，而藝可習也。六合自古無選傳，許多玄妙在其間，假若傳於無義人，招災惹禍損壽元。此藝之不可輕傳也。武藝多講無真傳，任意變化勢無窮。豈知悟得嬰兒玩打法，天然是生成此藝之強制不可也。脚打七分手打三，分五行四梢要和全。氣淨心意隨時用，硬打硬上無遮攔。此藝之不可輕試也。且推而論之，胆上如風進，起落如箭攢。遇人要取勝，四梢先要明。明了四梢多精，明了五行多氣，明了三節多勢。三回九轉是一勢。一件通，件件通，是在學者能悟而已。悟開起落進退精，眼觀耳聽語中情。血梢分明多害怕，害怕之時緊存心。牙骨肉梢多強辯，強辯之時仔細听。

筋骨動（木）要一氣，四梢裡邊無遠近。分外四梢多不息，閉住動容不出；拳上一氣，兵戰殺氣，無不敢勝。君與臣，將與兵合一氣，蓋乾坤，總無反意，遠近一大步為疾，兩頭回轉緊相迎，要知四轉這條路，近在眼前一寸中。三起不見，三落不見，可見而不見。能見一身，莫見一心。能交言，莫交心。總之，欲動在占中間，祇在中間占其先。敵若不順，用鎖口鎗法定其咽喉。是知起落不見形，見形不為能。天地交合，靈蔽日月，武藝相戰，閉住五行，乃要訣也。故曰：五行真如五道關，無人把守自遮攔。眼懸日胆如鏡（目眼），手似（似）如意足似山。君子若學文武藝，遵著三情其真（貫）。

心懸日月明如鏡

五行拳

劈屬金	崩屬木	攢屬水	炮屬火	橫屬土
劈（金）生攢（水）	攢（水）生崩（木）	崩（木）生炮（火）	炮（火）生橫（土）	橫（土）生劈（金）

劈(金)克崩(木)　崩(木)克橫(土)　橫(土)克攢(水)　攢(水)克炮(火)　炮(火)克攢(金)

姫氏鎗法

論鎗法憑着己心、若己心不明、反悟(误)後人、即如起落隨意要身平、身法中平不無凶、單指迎風上法難、總是上法還占先、身平蓋世最為妙、武藝只在一怒間。此鎗不用閃法進、單鳳朝陽非為偏、前手指定休要戰、後手不離脇肉邊、蛟龍戲小方為布、翻江倒海何用[illegible]忙、此鎗法以何為總、總休離四卦四閑、未尚他不知深淺、五花不戰定乾坤、亂戰鎗休離扞進、攔路鎗似虎逼人、鎖口定身休離位、出洞入洞緊隨身、遇下鎗莫要捉拏、遇上鎗定照中[illegible]平、如面鎗还照一樣、百骨靠山要靠定、靠身定自身往前行、中平自是還照定、照定即就往前行、

左鎗蛟龍戲水、　右鎗不可容情、

犯鎗定南針、中直平鎗推後手、劈面相迎、他遮咱亦遮、只要前手捉的住、前手後手莫犯陽、犯陽定不強、起戰中門難變化硬
勢蟒蛇鎗即忙、從下起前手、後手緊推起、战戰莫從上下定、起手纔可進、他扞遮扞休捉扞、填前膊推後手、從手後搭住手、扞劈
面相迎、穿指鎗去左手、上右腿、单肩相迎、五虎群攔封閉、莫存身休停、縱有鎗法不為奇、如有鎗法何忙用、前頭迎面先劄、後頭
四面鎗、一面藏身、出門鎗劈面相迎、閃兩傍如飛、緊出長進短不扞、捉進長不用長進短、硬打破先進、攢身進裏身、先上右腿身進
外身先上左腿短進長、如扞他封一尺進二尺、不可捉拏、長進短如趕他、隄防着左右閃法、遇敵鞭隨緊趕、迎面指不可容情、如內開
往往後閃、(指)单鞭落、遇鐮劄、欺住上莫要慌忙、假如還鎗扞以何為憑、如身裏鎗法填前膊、推後手、上右腿、還往裡閃、外身鎗法
退前腿、劄左右、盡身閃鎗法(力雀)法何為交口定中指渾鎗身是空、鎗吃鎗堪定前手、鎗離鎗堪定後手、能交他高一尺、不交他低一寸、能
交他進近四指、是鎗法何鎗為總、總鎗法要知頭尾、未進鎗先使蛇戰、如退鎗照定始終、始終鎗死中反活、活中反死、進走低、退走高、

起望落、落望起、乃為始終、鷂子攢林須要、提防青龍鎗硬往下捉、靈芝寫穿心要堪定、燕子取水緊隨跟、抽樑換柱要纏定、

左右纏定休離杆、死蛇塌地莫要下、往後閃、閃離杆方可用伏虎鎗、往上復紮錢鋤翻杆、永世不倒有捉法、何不是進

低鎗將虎捕鎗破地穴、亞鎗縱法不奇、兩用天蓬鎗隨身緊趕、追風趕月不放鬆、遲欲使花定、休捉低在中間微斜、未使鎗防

倘他抬尻鎗先紮後腿、填前膀、推後手不可放鬆、前手未起見交口[illegible]他縱有空難以進、兩膀拘住不低頭、蓋去鎗法縱不奇、講

起落、何為起落、起撩陽、紮穿指、劈面相迎、落浮眉、存他蛇、中心定住、講起落前知高低不為出奇、講長短知進法不為出奇、講

進退、知遠近不為出奇、原來是依本心本性隨便行事、論變化無窮、論進退、進退難執、仔細參真方莫存勢、裡纏總鎗法有

多出數目共九十二法鎗、有數鎗不存其論、隨帶一個暗方、無有形、不得明、依何憑據、九十二法鎗盡出在本心、不過是主人翁一念

閒賊、動枝葉、一枝動百枝動、身動不覺心動、先到一心後到一身、未動不可畏戰、畏戰不能疾進、能文一思進存、說話三思必無錯、武藝犯思必有

凶、解其意、覷其法、強退者即要緊追、善走者必有奇術、明三進五行、豈可置而不論、進常容易偷身躲、暗後三鎗最難防、單鳳鎗硬勢難

上起、中央分定兩膀、單封不單紮(札)、單紮不單鳳(封)、先起一寸為師、後起一寸為弟、大戰要以順天、小戰要以順時、順天依是主一風、順時依是主

一氣、如知氣則能知其心、見其形容、曉知吉凶、善學者、讀書諳詳。

山右

王宗岳先生太極拳論一名十三勢、太極拳者、無極而生、陰陽之母也、動之則分、靜之則合、無過不及、隨就伸、人剛我柔謂

之走、我順人背謂之粘、動急則急應、緩(動)則緩隨、雖變化萬端、而理為一貫、由着熟而漸悟懂勁、由懂勁而階及神明、然非用力之久、而不能豁

然貫通也、頂勁、氣沉丹田、不偏不倚、忽隱忽現、左重右虛、右重則渺(左)、仰之則彌深、進之則愈長、退之則愈促、一羽不能加、蠅虫不能落、

人不知我、我獨知人、英雄所向無敵、蓋皆由此而及也、斯技旁門甚多、雖勢有區別、不外乎壯欺弱、慢讓快耳、有力打無力、手慢讓手快、是先

天自然之理也，非關學力而有為也。察四兩撥千斤之句，顯非力勝；觀耄耋能禦衆之形，快何能為！立如平準，活似車輪，偏身則隨，雙重則滯。每見數年純功不能運化者，率皆自為人制，雙重之病未悟耳。雖欲避此病，須知陰陽，粘即是走，走即是粘，陰不離陽，陽不離陰，陰陽相濟，方為懂勁。懂勁後愈練愈精，默識揣摩，漸至從心所欲。本是舍己從人，多誤舍近求遠。所謂差之毫釐，謬之千里，學者不可不詳辨焉。是為論。此論句句切要，並無一字敷衍陪襯，非有夙慧，不能悟也。先師不肯妄傳，非獨擇人，亦恐枉費功夫耳。

右武登山

張三峰老師遺論：欲天下豪傑延年益壽，養身不徒作之技也。長拳者，如江大海，滔滔不窮。十三勢者，掤握擠按採挒肘撳，為八卦也；進步、退步、左顧、右盼、中定，為五行也。合而言之，曰十三勢也。掤握擠按為坎離震兌，為四正方也；採挒肘撳即乾坤艮巽，四斜角也，進退顧盼，中定，為金木水火土也。

十三勢歌

十三勢莫輕視，命意原夫在腰臍。變轉虛實須留意，氣遍身軀不少滯。靜中觸動，動有從靜，因敵變為神奇。勢勢存心揆用意，得來不覺費功夫。刻刻留心在腰間，腹內鬆淨氣騰然。尾閭正中神貫頂，滿身輕利頂頭懸。仔細留心向推求，曲伸開合听自由。入門引路須口授，工夫無息法自休。若言體用何為準，意氣君來骨肉臣。想推用之終何在，益壽延年不老春。歌兮歌兮百四十，字字真切意無遺。若不向此推求去，枉費工夫貽歎惜。

十三勢行功心解：以心行氣，務令沉着，乃能收斂入骨。意氣運身，務令順遂，乃能便利從心。精神能提得起，則無遲重之虞，所謂頂頭懸也。意氣須換得靈，乃有圓活之趣，所謂變動虛實也。發勁須沉着鬆淨，專主一方。身立須中正安舒，支撐八

面行氣如九曲珠，無微不利，氣遍身軀之謂。運勁如百煉鋼，何堅不摧。形如搏兔之鶻，神如捕鼠之貓。靜似山岳，動如江海。蓄力
如開弓，勁發如放箭。曲中求直，蓄而後發。力由脊發，步隨身換。收即是放，斷而後連。往復須有摺疊，進退須有轉換。極
柔軟然後極堅硬，能呼吸然後能靈活。氣以直養而無害，勁以曲蓄而有餘。心為令，氣為旗，腰為纛。先求開展，後求緊湊，乃為縝
密矣。又曰：先在心，後在身。腹鬆氣斂入骨，神舒體靜，刻刻在心。切記一動無有不動，一靜無有不靜。牽動四兩撥千斤，引進落空合
即出，粘連黏隨不丟頂。又曰：彼不動，己不動；彼微動，己先動。似鬆未鬆，將展未展，勁斷意不斷。一舉動，周身俱要輕靈，猶須貫串，氣
宜鼓盪，神宜內斂，無使有缺陷處，無使有凹凸處，無使有斷續處。其根在腰，發于腿，主宰于腰，形于手指。由腳而腿而腰，總須完整一
氣。向前退後，乃得機得勢。處身便散亂，其病必于腰腿求之。上下前後左右皆然。凡此皆是意，不在外面。有上即有下，有前即
有後，有左即有右。如意要向上，即寓下意。若將物掀起而加挫之之意，斯其根自斷，乃壞之速而無疑。虛實宜分清楚，一處自有

處虛實，處處總此一虛實，週身節節要貫串，無令毫絲間斷耳。

太極拳勢法名堂譜

攬雀尾　單鞭　提手上勢　白鵝亮翅　摟膝拗步

平揮琵琶勢　進步搬攔捶　如風似閉　抱虎推山　攬雀尾

肘底看拳　倒攆猴　斜飛勢　提手上勢　白鵝亮翅

摟膝拗步　海底珍　山通背　搬上捶　卸步搬攔捶

上勢攬雀尾　單鞭雲手　高探馬　左右分腳　轉身登腳

進步栽捶　翻身撇山　翻身二起腳　披身踢腳　轉身登腳

上步搬攔捶
如風似閉
抱虎推山
斜單鞭
野馬分鬃

五女穿梭
單鞭
云手下勢
金鷄独立
倒攆猴

斜飛勢
提手上勢
白鵝亮翅
云手
高探馬

十字擺連
摟膝指膛捶
上步攬雀尾
單鞭下勢
上步七星

下步跨虎
轉脚擺連
彎弓射虎
上步攬雀尾

合太極

光緒二十九年 小雪前一日 騰錄

太谷賈家堡吳耀科　抄

進退連還詞訣

起手齊眉氣歸田、左足先進肘向前、陰陽收成六合勢、進步合膝出崩拳、退回膝合拉弓式、換步一馬箭三連、白鶴亮翅臍間裹、攢挑上步快炮拳、斬截回身劈拳變、包裹熊形鷹捉先、連演步步鷹熊勢、左足先進仍崩拳、返身狸貓倒上樹、連還合演再崩拳（此合膝崩拳）、（接演退回膝合拉弓式）（連上練）

練時存心內合氣力心與意、肩胯肘膝手足齊、筋骨血肉為四梢、金木水火土五行、內三外三成六合、

四稍五行真秘訣凡練形意、十二形、中、龍、虎、猴、馬、蛇、鷄、燕、鷂、鷹、熊、駘、鮀、五行之劈、崩、攢、炮、橫、無此

秘訣與外家拳無異

民國二十二年八月六日山西太谷縣賈家堡後學吳耀科增補自知不能所説之完善望祈

同志更正是幸

鴛鴦腳 六路

第一路

(一)起勢左顧右盼進步前立

(二)左平捶掌

(三)右平捶掌

(四)翻身切掌

(五)轉身左斬踢

(六)上步右斬踢

(七)鴛鴦浮水

(八)提腿橫蹬
(九)左脚滾撞
(十)左脚撲擊
(十一)蹲身左後撩

第二路

(一)轉身右斬踢
(二)青獅抱球
(三)蹲身右後踢
(四)鴛鴦採食
(五)提腿橫蹬
(六)右脚滾撞
(七)左脚撲擊
(八)蹲身左後踢

第三路

(一)玉環右捧踢
(二)蹲身右後踢
(三)玉環左捧踢
(四)蹲身左後踢
(五)玉環右捧踢
(六)蹲身右後踢
(七)鴛鴦展翅
(八)提腿橫蹬
(九)右脚滾撞
(十)左脚撲擊
(十一)蹲身左後踢

第四路

(一)青獅滾球
(二)原步二起脚
(三)鴛鴦採花

（四）提腿橫蹬　（五）右腳滾撞　（六）左腳撲擊　（七）蹲身左收踢

第五路

（一）右斬踢腳　（二）左斬踢腳　（三）淮文撞分金

（四）擒拿左腳　（五）擒拿右腳　（六）鴛鴦戲蹶　（七）提腿橫蹬

（八）換步高蹬　（九）玉環左收踢　（十）轉身右斬踢　（十一）左腳撲擊

（十二）蹲身左收踢

第六路

（一）翻身左斬踢，（二）左右陰陽擒拿腳，（三）鴛鴦盤腳（左右左）

（四）提腿撞蹬　（五）右腳滾撞，（六）左腳撲擊，（七）蹲身左收踢。

（八）轉身右斬踢，（九）鴛鴦交頸，（十）提腿橫蹬，（十一）換步高蹬

（十一）迴身提斫　（十二）收勢

練劍秘訣

五行十法劍中精，子午指訣劍隨行，進法、劈、削、撩、砍、刺、顧法、掛、化、裹、撥、圈，大凡舞劍神寧定，淨心苦求劍俠風，舞劍是善勢，要慢變勢要快，用法須要靈機，變化巧妙者也。

一九五四年青百廿八　吳華亭練劍寫

十法綱要、劈、砍、刺、撩、削、掛、劃、裹、撥、圈，化裝劍之法，俗名贊劍、右手劍交左手，起勢，左劍交右手，左手指訣指天，右手劍朝天，左指訣劃地，右手劍扎出，左足退回，扭步，右手劍刺出，右手劍往後削去，右足上步，右手劍回顧，右手劍劈下撩崩劍，連兩下，左步上，右手劍尖朝天劍，左足回，倒提金鐘劍，收到底下，右步向前劈下，變為烏龍入海扎去，底勢又變為海底撈月劍扎，與右足齊，回身扭步，右劍與頭上平，名十字擺蓮，右手劍與步變為削，左右圓圈轉削，右上步，前剪撥，順杆推削，向杆掛，左右劍劈，變為反身大劈，來劍收回，左指訣向前，劍隨指，反身換步轉劍，回顧，右劍扎，又回身，回顧扎，向左右

拳论抄要校释

拳论抄要

内功经　卷一

山左〔一〕琅琊（玡）〔二〕王南溪注解，海右〔三〕珠山〔四〕宗景房参阅。

『内功得传，脉络甚真。』内功之要，第一要知脉络。脉络不知，勉强用之，无益有损。

『前任后督，气行滚滚。』任脉起于承浆〔五〕，直下至阴前高骨；督脉起于尻尾，直上由脊过泥丸，下印堂至人中而止。

〔一〕山左，山东省旧时的别称。因在太行山之左（东）得名。

〔二〕琊，据文义，当作『玡』字。琅玡，地名，位于山东省。

〔三〕海右，古地区名，泛指临近黄海、东海地区，因在大海之右（西）得名。

〔四〕珠山，旧县名，在山东省东部。

〔五〕承浆，穴位名称，位于面部。

『井池双穴，发觔（劲）〔一〕循循。』井者，肩井穴〔二〕也，肩头分中；池者，曲池穴〔三〕也，肘头分中。此周身发觔（劲）之所也。

『千变万化，不离乎本；得其奥妙，方叹无恨。』本者，自然之真气也。用功之久，方悟其妙。

『同尻尾、龟尾升气，丹田〔四〕炼神。』尻尾，骨尽处也，用力向上翻起，真气自然升矣。脐下一寸二分，丹田穴也。用功时，存元神于此处耳。

『气下于海，光聚天心。』小腹正中为气海，额上正中为天心，形光于外也。既明脉络，次观格式。格式者，入门一定之规。不明此，即脉络亦空谈耳。

『头正而起，肩平而顺，胸出而闭。』正头、起项、壮面、神顺、肩活，背势平正，胸出身，微有收敛，此式中正真窍也。

『足坚而稳，膝曲而伸，膗（裆）〔五〕深而藏，胁开而张。』足忌动，膝用力，前阴后缩两胁开。

『气调而匀，觔（筋）松而紧。』出气莫令耳闻，觔（筋）必先松而后紧，缓缓行之。

『先吸后呼，一出一入。先提后下，一升一伏。内有丹田，气之归宿。吸入呼出，勿使有声。』提者，

〔一〕觔，古文中同『筋』或『斤』，在一些清代拳谱中，有时又意同『劲』字。在此谱中，三种情况都有。后同。

〔二〕肩井穴，穴位名称，位于肩部

〔三〕曲池穴，穴位名称，位于肘部。

〔四〕丹田，穴位名称，关元、阴交、气海、石门四个穴位位于腹部脐下，都叫作丹田。

〔五〕膗，据文义，应为『裆』字之误。后同。

吸气之时，存想真气上升至项下，真气落下也。伏者，觉周身之气渐小，坠于丹田。龙蛰虎卧，潜伏也。

『下收谷道〔一〕，上提玉楼〔二〕。或立或坐，吸气于喉。以意送下，渐至底收。』收谷道者，慎气泄也。提玉楼者，耳后高骨也。使气往下，无阻碍也。不拘坐立，气至喉，以至肺心也。气虽聚于丹田，存想沉至底方妙。

『升有升路，胁骨齐举。降有降所，俞口气路。』气生于两胁，骨缝极力开张，向上举之，自然得窍。降时必有俞口，以透入前心，方得真路。『既明气窍，再详觔（劲）诀。曰：觔（劲），通之顺也；曰：透，骨之速也。』通透往来，无碍也。伸觔（筋）拔力，以和拔柔软之意。

『曰：穿，觔（劲）之连也。曰：帖（贴）〔三〕，觔（劲）之络也。』穿帖（贴）横竖，连络也。伸觔（筋）拔力，似刚坚凝结之意。

『曰：松，觔（劲）之渔也。曰：汉，觔（劲）之萃也。』松渔者，柔之极也，养精蓄锐之意也。汉萃者，刚之极也，气血结聚之谓也，如绳之击汉水之清。

『曰：合，觔（劲）之一也。曰：坚，觔（劲）之转也。』合者，合周身之一也。坚者，横竖纠缠之谓也。

〔一〕谷道，中医学中指直肠到肛门的一部分。
〔二〕玉楼，指肩。
〔三〕帖，据文义，当作『贴』字。后同。

『按肩以练步，逼臀以坚膝，圆䐶（裆）以坚胯，提胸以下腰。』按肩者，将肩井穴之觔（劲），沉至涌泉[一]。逼臀者，两臀极力帖（贴）住也。圆䐶（裆）者，内向外极力挣横也。

『提前胸前颊（颏）[二]以正项，帖（贴）背以转斗，松肩以出觔（劲）。』颏骨向上，提起项是也。两背骨用力帖（贴）住，觉其觔（劲）至脐下，而出至六腑穴[三]，向外转出，至斗骨而回。出觔（劲）之时，将肩井穴软意松开，自然无碍也。

『折天柱[四]以下气，瞻合骨（谷）[五]以立门。』此穴，从项后高骨上下气之时，极力帖（贴）之。合骨（谷）者，虎口穴也。遇敌时，擎卷目视之。

『横觔（劲）竖觔（劲），辨之分明。横以脐竖，竖以脐横用之。』竖者，肩至足底也。横者，两臂手。以身说竖者，自腋至肩井穴也。横者，自六腑转于斗骨背也。自䐶（裆）至足底，自膝至于臀，以腿而言之。

『吾（五）[六]气朝元，周而复始，四肢元首，收纳甚妙。』吸气纳于丹田，升真气至背骨，搏于头，

〔一〕涌泉，穴位名称，位于足底部。
〔二〕颊，据文义，应为『颏』字之误。
〔三〕六腑穴，推拿部位名，位于前臂。（李经纬、邓铁涛等主编中医大辞典，人民卫生出版社，一九九五，第三二二页。）
〔四〕天柱，穴位名称，位于项部。
〔五〕合骨，据文义，应为『合谷』之误。后同。合谷，穴位名称，位于手背部。
〔六〕吾，据文义，应为『五』字之误。五气，即五脏之气。五气朝元，道家内丹学说之一。

伙至俞〔一〕口，降于丹田。一运真气，至臑（裆）下于足底，复上至外胯，升于丹田。二运真气，至背骨，搏里出手，复至六腑，转于丹田。一升一降，一下一起，一出一入，并行不悖，周流不息。久久用之，妙处甚多，炼神气返本还原。

『天地交泰，水升火降，头足上下，交接如神。』

『静生光芒，动则飞腾。气胜形随，意帅神，神帅气，气帅形，形随气，胜调气。』凡初入门时，每日清晨，静坐盘膝，闭目钳口〔二〕，细调呼吸，一出一入，皆从鼻孔。而少时气定，遂吸气一口，纳入丹田，助以津液，足三十六度，则真火自降矣。但吸气时，须默想真气自涌泉发出，升于两胁，至两胁升前胸，升于耳后，随升于泥丸；降气时，须默想真气由泥丸至印堂，至鼻内，至喉，由喉至脊，由夹脊透于前心，由前心沉于丹田。丹田气足，自能从尾闾升夹脊，上泥丸。

〔一〕俞，指腧穴，人体上穴位的统称。

〔二〕钳口，指闭口不言。淮南子·精神训曰：『静耳而不以听，钳口而不以言。』

乾

☰ ☰ ☷ ☷

头项效法乎乾，取其刚健纯粹；足膝效法乎坤，取其镇静厚载。凡一出手，先视虎口穴，前颏用力，正平提起，后夹脊用力塌下。真气来时，至达提气穴，着力提住，由百会穴〔一〕转过昆仑〔二〕，下明堂，贯两鼻，其气欲鼻孔泄时，即更吸入丹田。两耳下各三寸六分，谓之项眼穴〔三〕。用力向下截住，合周身全局用之，久自知其妙也。凡一用步，两外虎眼极力向内，内虎眼极力向外，委中大筋竭力用直，两盖骨复竭力要曲，四面相交，合周身之力，向外一扭，涌泉之气自能从中透出矣。

☴ ☴ ☱ ☱

若夫肩背宜于松活，是乃巽顺之义。膧（裆）胯又宜指紧，须玩兑泽之情。塌肩井穴，须将肩顶

〔一〕百会穴，穴位名称，位于头部。
〔二〕昆仑，穴位名称，位于足部。
〔三〕项眼穴，疑为穴位名称，待考。

骨正直落下，与此肩骨相合。曲池穴比肩顶骨略低半寸，手腕直与肩齐。背骨虽极力帖（贴）住，却是竖觔（劲），不是横觔（劲）。以竖则实，以横则虚。下肩井穴至背底骨，直至足底，故谓竖觔（劲）。右背则将左背之觔（劲）至骨底，以意透于右背，直送下至二扇门穴[一]，故谓横觔（劲）。两觔（劲）并用而不乱，元气方能升降如意，而巽顺之意得矣。臑（裆）胯要圆而紧，气正直上行，不可前出，不可后掀。两胯分前后，前胯用力向下，涌泉来时向上，两胯极力按之，阴阳两窍用力收住，总以骨缝口相兑外，外阴内阳，忽忽相吞并为主。

艮象曰：『时行时止，止则其义深哉。』胁者，胁也，鱼腮（鳃）[二]也。胸欲竦（耸）[三]起，艮山相似。胸有呼吸，震动莫疑。胸虽出而不高，胁虽闭而不束，虽张而不开，此中玄妙，难以口授。用胁，须以意出，以气胜，以神卒，则为合式，非出骨内觔（劲）也。用胁，以气之呼吸为开闭，以手之出入为开闭，以身之纵横为开闭。高步觔（劲）在于足，中步觔（劲）在于手，下步觔（劲）在于背，自然之理也。

〔一〕二扇门穴，穴位名称，位于手背部。
〔二〕腮，据文义，当作『鳃』字。
〔三〕竦，据文义，当作『耸』字。

坎离之卦，此身内之义也，可以意会，不可以言传。心肾为水火之象，水宜升，火宜降，两相既济，水火相交，真气乃萃，精神渐长，聪明且开，岂但觔（劲）乎？是以善于拳者，心讲养气，调水火，此一定不易之理也。用功时，塌肩井，提胸胁，反龟尾，皆欲肾气上交于心也，须以意导之。下气，炼步聚觔（劲），皆欲心下达于肾也，亦须以意导之。

神运经 卷三 总诀四章

炼形而能坚，炼精而实气，炼气而能壮，炼神而能肥。固形气以为纵横之本，萃精神以为飞腾之基。故形气炼能纵横，精神炼能飞腾。

右第一章 言神运之体

先明进退之势，复完动静之根。进因伏而续后起，退方二合而即。动以静为本，故身体虽急，而心自暇。动静之妙，当明内外呼吸之间。纵横者，觔（劲）之横竖；飞腾者，气之深微。

右第二章 言神运之式

击敌有用形、用气、用神者；迟速，被攻者有仆也、怯也、索也之深浅。以形击形，自到后乃胜；以气击气，手动而不畏；以神击神，身未动而得入。形受形攻，形伤而仆于地；气受气攻，气伤而怯于心；

神受神攻，神伤而索于胆。

右第三章　言神运之用

纵横者，胁中开合之式。丹田者，飞腾也。丹田呼吸之间，进退随手之出入，去来任气之自然。气欲满而神欲敛，身以稳而步以坚，既不失之于轻，复不失之于重，探如鹰隼之飞腾，疾若虎豹之强悍。

右第四章　合言体用之义

山无泉则崩，木无本则倒，水无源则涸，功夫亦然。学者欲运神运劲，必先知内功、纳卦、十二大觔（劲），全局精微，此皆妙方可学。否则不惟无益，而且有损。凡用此功，必须骑马势，稳住周身全局，足底更要着意，将丹田元气沉住。一呼一纵，一吸则回。纵时两足齐起，回时两足齐落，此永不可变。然用觔（劲）因敌布阵，又当有高低远近，迟速虚实，变化不一。刚柔动静之间，成败得失之机系焉，可不慎欤！动步不动心，动身不动气，夫然后心静而步坚，身动而气稳，而精神得飞腾变化矣。

盖知静之为动，动亦静也；知动之为静，静亦动也。善于神运者，神缓而眼疾，气缓而步疾。盖因外疾而内缓，外柔而内刚，知体用之妙也。呜呼，以柔用刚，方是真刚；以缓用疾，方是真疾。此中妙用，皆得于象外，而非可以形迹求也。学者久研神运之法，自能悟其妙理。

内功十二力法

一、底炼稳步如山。
二、坚膝曲直似柱。
三、膻（裆）胯内外凑集。
四、胸背刚柔相济。
五、头颅正侧撞敌。
六、三门竖肩帖（贴）背。
七、二门横竖用肘。
八、穿骨破彼之觔（劲）。
九、竖骨挂彼之下。
十、内掠敌彼之里。
十一、外格敌彼之外。
十二、掠功上下内外。

地龙经　卷四　十二局

地龙真经，利在底功。用腿脚撩人，布粘之技耳。全身炼地，强固精明。气血精神，炼成团随用。伸可成曲，住亦能行。伸曲自然，行住任我，何式不可？曲如伏龙，伸比腾龙。缩四肢，头伏手上，蜿蜒起立如常。行住无迹，伸曲潜踪。上下伸缩，变化莫测。身坚似铁，法密如龙。不坚则乱，不密则失。翻猛虎豹，转疾隼鹰。虎必须猛，鹰转在疾。例分前后，左右分明。闪转（展）〔一〕腾挪，使敌人回不能顾。门有变化，法有定形。反侧仰伏，手足攻击，妙难穷。前攻后守，二三门同。攻前以

〔一〕转，据文义，应为『展』字之误。

掌当先，肩肘济之。攻后用足，踵膝通功。下步用功，以足当先。远则追击，近则接迎。凭膪（裆）当要，迅速得法。大胯着地，侧身局成。侧倒在地，用手轻按勿动。仰倒若坐，尻尾单凭。以尻骨作转轴，高低任意，远近纵横。暗屈一足，着地即起。

此书初起得者，言清顺治之初总宪〔一〕王公得之于水底石函中，上卷名『剑丹』，下卷名『内功』。百年之后，南溪子悟透，方知是宝，传于〈与〉〔二〕知己宗景房。学者用此必须从内功起手，纳卦次之，神运又次之，地龙收功。久而久之，无敌于天下矣。

拳论质疑序

闻之子不语力，固尚德而不尚力之意也。然夹谷之会，必用司马，且曰：『吾门有由，恶言不入于耳。』是武力亦诚不可少矣。于是乎，顾其身家，保其性命，有拳尚焉。

拳之种类，不同他端，亦不知造自何人。惟此六合拳，则出自山西龙凤姬先生。先生生于明末，精于枪法，皆见以为神。而先生犹有虑焉。以为吾处乱世，出可以操兵，则枪可以卫身也。若当太平之日，刀兵鞘伏，倘遇不测，将何御之？于是，即枪法而会其理于一本，通其形于万殊，名其拳为『六合』，约其要为前后各六势。

〔一〕总宪，为明、清都察院左都御史别称。

〔二〕与，据文义，应为衍文。

夫一本者，心意之灵也；万殊者，心意之变也。六合者，心与意合，气与力合，筋与骨合，手与足合，肘与膝合，肩与胯合，一以贯之者也。至于前后各六势者，一势变为十二势，十二势仍归于一势，而且有刚柔之分焉。刚者在前，固征其异；柔者在后，尤寄其妙。亦由显入微、由粗得精之意也。

乃世之演艺者，多惑于异端之说，而以善【走】〔一〕为奇，亦知此拳有追法乎？以能闪为妙，亦知此拳有捷法乎？以左右分闭为得力，亦知此拳有动不见形乎？一动即至而实不及封闭乎？且及至能走、能闭、能分、能开，亦必目有所见而能然也。

故白昼间逞其变化，或犹可以取胜。若黑夜时，偶遇贼盗，猝逢仇家，不能见其所以来，将何以闪而逃之？不能见其所以动，将何以逢（封）〔二〕而闭之？岂不反误身乎？惟我六合拳者，炼上法、顾法、开法于一贯，而其机自（至）〔三〕灵，其动至捷，虽黑夜之时，而风吹草动，有触即应，并不自知其何以然也。惟精于是者，自领之耳。

然得姬师之真传者，有其徒郑氏焉。

郑氏焉

郑氏于拳棍刀枪无所不精，而会通其理，因述为论，乃知一切武艺皆出于拳内也。彼世之习六合者，

〔一〕走，据文义与六合拳论所补。
〔二〕逢，据文义，应为『封』字之误。
〔三〕自，据文义，应为『至』字之误。

亦各不同，岂其始艺之不类与？业此者未得其真，故『差之毫厘，谬之千里』。况乎愈传愈讹，且不仅差之毫厘也。

予幸得学于郑师，以接姬师之传者也。故法颇真，而予得之最详，故就其论而释之，著为『十法摘要』，非敢妄行诸世也，聊以诲其子弟云尔。

故作序以志之。

十法摘要

一曰：三节。

举一身而言，则腕手为梢节，腰胯为中节，足腿为根节是也。然分而言之，三节中又各有三节。如手为梢节，肘为中节，肩为根节，此稍（梢）〔一〕节中之三节也；如胸为梢节，心为中节，丹田为根节，此中节中之三节也；如足为梢节，膝为中节，胯为根节，此根节中之三节也。要不外乎起、随、追而已。盖梢节起，中节随，根节追。三节相应，不至有长短曲直之病，亦无俯仰之虑矣。此三节所以贵明也。

二曰：四梢。

盖发为血梢，指为筋梢，牙为骨梢，舌为肉梢。四梢齐到，则内觔（劲）出。言有以两手两足为四稍（梢）者，非也。

〔一〕稍，据文义，当作『梢』字。后同。

三曰：五行。

五行者，金、木、水、火、土也。内对人五脏，外对人五官。夫心属火，心急涌（勇）[一]力生。脾属土，脾动大力功；肝属水（木）[二]，肝急火焰燃；肺属金，肺动沉雷鸣；肾属水，肾动快如风。此五行存于内也。目通于肝，鼻通于肺，耳通于肾，口舌通于心，人中通于脾，此五行著于外也。故曰『五行真如五道关，无人把守自遮拦，天地交合，灵蔽日月，武艺相战，蔽主（住）[三]五行』，真确论也。而所最宜者也，手心通，心属火；鼻尖通，肺属金。火到金回，亦自然之理也。余可类推。

四曰：身法。

身法之要，起落、进退、反侧、收纵而已。夫起落者，起为横，落为顺；进退者，进走低，退者高也；反侧者，反身顾前后左右也；收纵者，收如伏猫，纵如放虎也。大抵以中平为宜，以正直为妙，与三节法相贯，此不可不知也。

五曰：步法。

步法者，寸步、颠步、过步、快步、剪步是也。如三尺远，寸一步可到；如四五尺远，则颠一步仍上前足；如遇身大力涌（勇）者，则进前足急讨后足；如一丈八尺远，则用快步。快步者，起前足，

〔一〕涌，据文义，应为『勇』字之误。后同。
〔二〕水，据文义，应为『木』字之误。
〔三〕主，据文义，应为『住』字之误。

带后足，平步如飞，并非踊跃而往也，此马奔虎剪之意也。非艺成者不可轻用，惟远不发脚而已。如遇人多，或有器械，则连腿足并剪而上，即所谓采脚二起之说。善学者，随便使用。纵（总）〔一〕之，法不可不习之纯熟，用之无心，方尽其妙。

六曰：手足。

手足者，单手、双手、起手、领手。起前手，如鹞子入林，须束翅束身而起；推后手，如燕子取水，往上翻长身而落。此单手之法也。如双手，两手交互并起并落，起如举鼎，落如分瓶是也。至于筋梢发，有起有落者，谓之『起手』。筋梢不发，起而未落者，谓之『领手』。纵（总）之，直而非直，曲而非曲，肘护心发，手胯随起，而其起如虎之扑人，其落如鹰之抓物也。足法者，起翻落攒，忌踢宜踩而已（已）〔二〕。盖起足腿望膝，膝望怀，膝打膝分而出，其形上翻，如手之起撩阴也。至于落，则似以石攒物也，如手之落浮眉也。其忌踢者，脚踢浑身是空也。宜采者，即手之落如鹰抓是也。如手足之法，本自相同，而足之为用，亦必如虎行无声，龙行莫测，然后可也。

七曰：上法、进法。

盖上法以手为妙，进法以步为奇，而总以身法为要。如手起，如丹凤朝阳是也。其进步如抢上抢步、进步采打是也。是必三节明、四梢齐、五行备、身法活、手足连，而后因其远近，随其老嫩，一动而

〔一〕纵，据文义，应为『总』字之误。后同。

〔二〕已，据文义，应为『已』字之误。

即至是也。然其方亦有六。六方者，工、顺、涌（勇）、疾、狠、直是也。夫工者，巧顺自然也；涌（勇）者，果断也；疾者，急紧是也；狠者，动不容情，心一动而内觔（劲）出也；直者，发中见直，而彼难变化也。六方明，则上法得矣。

八曰：顾法、开法、截法、追法。

顾法者，单顾、双顾、顾上、顾下、顾前、顾后、顾左、顾右是也。如单顾，则用截捶；双顾，则用横捶；顾上，则用冲天炮；顾下，则用握地炮；顾前后，则用前后梢捶；顾左右，则用填边炮捶或填身炮捶。此一随机而动，非若他门之钩连逢架也。开法者，有左开、右开、刚开、柔开。左开如袖（里）[一]填，右开如外填也；刚开即如前六势之硬劲；柔开即如后六势之软劲是也。截法者，截手、截身、截言、截面、截心矣。而截手者，彼先动而截之也；截身者，彼未动而截之也；截言者，彼言露其意而截之也；截面者，彼面露其色而截之也；截心者，彼眼笑眉喜、言甘意恭，我防其有心而迎机以截之也。则截法亦何可少哉？追法者，与上法、进法一气贯注，即所谓随身紧趋，追风赶月不放松也。彼虽欲走而不能也，何虑其邪术也。

九曰：三性调养法。

盖眼为见性，耳为灵性，心为涌（勇）性。此三性，艺中之妙用也。故眼中不时常循环，耳中不时常报应，心中不时常惊醒，则精灵之意在我，应不至为人所卖，而无见机之哲也。

〔一〕袖，据文义，应为『里』字之误。

十曰：内觔（劲）法。

夫内劲者，寄于无形之中而接于有形之表，难以言传者也。然其理则可参焉。盖心志者，气之帅也；气者，体之充也。心动而气即随之，气动而力即赶之，此必至之理也。今以切于艺者言之，以为创觔（劲）者，非也，以为攻觔（劲）者，非也，以为崩觔（劲）者，亦非也；殆粘觔（劲）也。夫创觔（劲）太直而难为起落，攻觔（劲）太死而难为变化，崩觔（劲）太促拙而难为展拓，要皆强硬露形而不灵也。惟粘觔（劲）者出没甚捷，可使日月无光而不见形，手觔（劲）发，可使阴阳交合而不费力。总之，如虎之登山，如龙之行空也。

以九（十）〔一〕法炼为一贯，而武艺不已成乎？吾会其理、摘其要释之，以为后之习艺者训。至于姬、郑两先主之刀法、枪法、拳法、棍法，详著于右，以备参考可也。

带手湾（弯）〔二〕

身手心一动，脚腿便连环。上下采走势，内脏有三战。出手为奸战，回手为骨战，打手为强战，三战合一处成象。内间存，未曾发，后手气撑腿膝，心气往外换，肝气往上顶，阳气落于额角，阴气落于枕骨。

〔一〕九，据前文内容，应为『十』字之误。

〔二〕湾，据文义，疑为『弯』字之误。

郑氏拳法

起于横拳实难招，展开四平前后稍（梢）。望眉如龙出水，反背如虎搜山，斩手炮，车行如风。

鹰抓四平，足下存身，进步采打莫容情。抢上抢步，十字势，剪子股，十甲擒拿。

进不能取胜，必有含寒之心。拳打遍身是法，足踢浑身是空。

拳去不空回，空回总不奇。远处不发足，发足不打人。

见空不打，见空不上，先打顾法后打空。依本心随机应变，随手足快如风追。

手起莫望（往）〔一〕空落回，足莫要望（往）空落闪。强退者，十连紧，追者还填相迎。

随高打高，随低打低。起为横，落为顺，乃为正方。

手起脚不随，不能打人；足起手不下，枉然。

心不涌（勇），则手不推；搕不上，多出变化。

总由于三节不明：上节不明，恐中人擒拿；下节不明，恐中人盘跌；中节不明，则自己浑身是空。故必心与意合，气与力合，筋与骨合，手与足合，肘与膝合，肩与胯合。明此六合，然后三节明而艺可习也。

六合自古无双传，许多玄妙在其间。假若传于无义人，招灾惹祸损寿元。此艺之不可轻传也。

〔一〕望，据文义，当作『往』字。后同。

武艺多讲无真传，任意变化势无穷。岂知悟得婴儿玩，打法天然是生成。此艺之人强制不可也。

脚打七分手打三，五行四梢要和全。气浮心意随时用，硬打硬上无遮拦。此艺之不可轻试也。

且推而论之，胆上如风进，起落如箭攒。遇人要取胜，四梢先要明。明了四梢多精，明了五行多气，明了三节多势，三回九转是一势。

一件通，件件通，是在学者能悟而已。悟开起落进退精，眼观耳听语中情。血梢分明多害怕，害怕之时紧存心。牙骨肉梢多强辨（辩）〔一〕，强辩之时仔细听。筋骨未动要一气，四稍（梢）里边无远近。分外四稍（梢）多不息，闭住动容不出凶。

拳上一气，兵战杀气，无不取胜。

君与臣、将与兵合，一气盖乾坤，总无反意。远近一丈步为疾，两头回转紧相迎，要知回转这条路，近在眼前一寸中。

三起不见，三落不见，可见而不见。能见一身，莫见一心。能交一言，莫交一心。

总之，欲动在占中间，只在中间占其先。敝（倘）〔二〕若不顺，用锁口枪法定其咽喉。是知起落不见形，见形不为能。天地交合，灵蔽日月，武艺相战，闭住五行，乃要诀也。故曰：五行真如五道关，无人

〔一〕辨，古文中通『辩』字。

〔二〕敝，据文义，疑为『倘』字之误。

把守自遮拦。心悬日月明如镜，手似如意足似山。君子若学文武艺，凭著（着）〔一〕三情贯其真。

五行拳

劈属金，崩属木，攒属水，炮属火，横属土。

劈【金】生攒【水】，攒【水】生崩【木】，崩【木】生炮【火】，炮【火】生横【土】，横【土】生劈【金】。

劈【金】克崩【木】，崩【木】克横【土】，横【土】克攒【水】，攒【水】克炮【火】，炮【火】克攒（劈）〔二〕【金】。

姬氏枪法

论枪法，凭着己心，若己心不明，反误后人。即如起落随意要身平，身法中平永无凶。单指迎风上法难，总是上法还占先。身平盖世最为妙，武艺只在一怒间。此枪不用闪法进，单（丹）〔三〕凤朝阳非为偏。前手指定休要战，后手不离胁内边。蛟龙戏水方为希，

〔一〕著，据文义，当作『着』字。

〔二〕攒，据文义，应为『劈』字之误。

〔三〕单，据文义，应为『丹』字之误。

翻江倒海河（何）〔一〕用忙。

此枪法以何为总，总休离四卦（封）〔二〕四闭，未尚他不知深浅。五花不战定乾坤。虬战枪，休离杆进；拦路枪，似虎逼人。锁口定身休离位，出洞入洞紧随身。遇下枪，莫要捉拿；遇上枪，定照中平；如面枪，还照一样。

百骨靠山要靠定，靠定自身往前行。中平自是还照定，照定卧龙往前行。左枪，蛟龙戏水；右枪，不可容情；犯枪，定南针；中平枪，推后手，劈面相迎。

他递咱亦递，只要前手捉的（得）〔三〕住。前手后手莫犯阳，犯阳定不强。起战中门难变化，硬势蜈蚣枪，即忙从下。起前手，后手紧推起战战。莫从上下定，起手才可进。他杆递杆休捉杆，填前膀，推后手，从手后搭住手杆，劈面相迎。穿指枪，去左手，上右腿，单肩相迎。五虎群羊难封闭，莫存身休停。

纵有枪法不为奇，如有枪法何用忙？前头迎面先劄（扎）〔四〕后头；四面枪，一面藏身；出门枪，劈面相迎；闪两傍（旁）〔五〕，如飞紧出。长进短，不杆知，进长不用长，进短硬打破，先进擗身。进里身，

〔一〕河，据文义，应为『何』字之误。
〔二〕卦，据文义，应为『封』字之误。明清枪法，多有『封闭』之说，见吴殳手臂录。
〔三〕的，据文义，当作『得』字。
〔四〕劄，据文义，当作『扎』字。后同。
〔五〕傍，据文义，当作『旁』字。

先上右腿；身进外身，先上左腿。短进长，如杆他，封一尺，进二尺，不可捉拿；长进短，如赶他，隄（提）〔一〕防着左右闪法。

遇铁鞭，随紧超（起）〔二〕，迎面指，不可容情。如闪开，往〈往〉〔三〕后闪，单指鞭落；遇镰劄（扎），欺住上，莫要慌忙。

假如还枪杆，以何为凭？如身里枪法，填前膀，推后手，上右腿，还往里闪；外身枪法，退前腿，劄（扎）左右，尽身闪枪法。

进力（刀）〔四〕法，何为交口？定中指，浑身是空；枪吃枪，堪定前手；枪离枪，堪定后手。能交（叫）〔五〕他高一尺，不交（叫）他低一寸，能交（叫）他进近四指。

是枪法，何枪为总？总枪法，要知头尾。未进枪，先使蛇战；如退枪，照定始终；始终枪，死中反活，活中反死。进走低，退走高，起望落，落望起，刀（乃）〔六〕为始终。

鹞子攒（钻）〔七〕林须束翅，隄（提）防青龙枪硬往下捉。灵芝穿心要堪定，燕子取水紧随跟。

〔一〕隄，据文义，当作『提』字。

〔二〕超，据文义，疑为『起』字之误。

〔三〕往，据文义，应为衍文。

〔四〕力，据文义，疑为『刀』字之误。

〔五〕交，据文义，疑为『叫』字之误。后同。

〔六〕刀，据文义，疑为『乃』字之误。

〔七〕攒，据文义，疑为『钻』字之误。后同。

抽梁换柱要缠定，左右缠定休离杆。死蛇塌地莫要下，往后闪，闪离杆，方可用伏虎枪往上复扎。钱（铁）[一]翻杆，永世不倒。有捉法，何不早进？低枪，将虎捕枪破地（他）[二]六亚枪。纵法不奇，用天蓬枪，随身紧趋，追风赶月，不放松迟。欲使花定休捉低，在中间微微斜。未使枪，防备他拾鼠枪，先扎后肠。填前膀，推后手，不可放松。前手未起见交口，他纵有空难以进。两胁拘住不低头，盖世枪法纵不奇。

讲起落，何为起落？起撩阳（阴）[三]，扎穿指，劈面相迎。落浮眉，存他（地）[四]蛇，中心定住。讲起落，前知高低，不为出奇。讲长短，知进法，不为出奇。讲进退，知远近，不为出奇。原来是依本心、本性随便行事。

论变化无穷，论进退，进退难执。仔细参真方，莫存势里缠。

总枪法有多出[五]数目？共九十二法枪。有数枪不存其论，随带一个暗方。无有形，不得明，依何凭据？九十二法枪尽出在本心，不过是主人翁一怒间喊动枝叶，一枝动，百枝动，身动不觉心动，先到一心，后到一身。未动不可畏战，畏战不能疾进。能交一思进存。说话三思必无错，武艺犯思必

〔一〕钱，据文义，应为『铁』字之误。
〔二〕地，据文义，应为『他』字之误。
〔三〕阳，据文义，应为『阴』字之误。
〔四〕他，据文义，疑为『地』字之误。
〔五〕出，古文中有传奇中的一回或戏曲的一个独立剧目之意，这里指招式。

有凶。

解其意，晓其法。强退者，即要紧追；善走者，必有奇术。明三进，暗五行，岂可置而不论？进常容易偷身躲，暗后三枪最难防。

单凤枪，硬势难上，起中央，分定两膀。单封不单札（扎），单扎不单封。先起一寸为师，后起一寸为弟。大战要以顺天，小战要以顺时。顺天低（只）[一]是主一风，顺时低（只）是主一气。如知气，则能知其心，见其形容，晓知吉凶。善学者，读书谱细详。

山右[二]

王宗岳[三]先生太极拳论，一名『十三势』。太极拳者，无极而生，阴阳之母也。动之则分，静之则合。无过不及，随曲就伸。人刚我柔谓之『走』；我顺人背谓之『粘』。动急则急应，动缓则缓随。虽变化万端，而理为一贯。由着熟而渐悟懂劲，由懂劲而阶及神明。然非用力之久，而不能豁然贯通也。

虚领顶劲，气沉丹田，不偏不倚，忽稳（隐）[四]忽现。左重则右虚，右重则左渺。仰之则弥深，

〔一〕低，据文义，应为『只』字之误。后同。

〔二〕山右，山西省旧时的别称，因在太行山之右（西）得名。

〔三〕称王宗岳为山西人，前代文本首见郝和（一八四九至一九二〇）所藏王宗岳太极拳论，此本为清光绪二十九年（一九〇三）抄本，其中亦清楚写曰『山右王宗岳先生』。

〔四〕稳，据文义与太极拳谱（人民体育出版社一九九一版太极拳谱，后文凡引此书，简称太极拳谱，不再注明版本），应为『隐』字之误。

进之则愈长，退之则愈促。一羽不能加，蝇虫不能落。人不知我，我独知人。英雄所向无敌，盖皆由长而及也。斯技旁门甚多，虽势有区别，概不外乎壮欺弱，慢让快耳。有力打无力，手慢让手快，自是先天自然之理，非关学力而有为也。察『四两拨千觔（斤）』之句，显非力胜。观耄耋御众之形，快何能为？立如平准，活似车轮。偏身则随，双重则滞。每见数年纯功，不能运化者，率皆自为人制，双重之病未协（悟）〔一〕耳。虽欲避此病，须知阴阳，粘即是走，走即是粘，阴不离阳，阳不离阴，阴阳相济，方为懂劲。后愈练愈精，默识揣摩，渐至从心所欲。本是舍己从人，多误『舍近求远』，所谓『差之毫厘，谬之千里』。学者不可不详辨焉！是为论。

此论句句切要，并无一字敷衍、陪衬，非有夙慧不能悟也。老师不可妄传，非独择八（人）〔二〕，亦恐柱（枉）〔三〕费功夫耳。

右武登（当）〔四〕山

张三峰老师遗论：欲天下豪杰，延年益寿养身，不往（枉）〔五〕作之技也。〔六〕长拳者，如［长］〔七〕

〔一〕协，太极拳谱作『悟』字，当是。

〔二〕八，据文义，应为『人』字之误。

〔三〕柱，据文义，应为『枉』字之误。

〔四〕登，据前后文义，应为『当』字之误。

〔五〕往，据文义，应为『枉』字之误。

〔六〕太极拳谱中记此语为：『欲天下豪杰延年益寿，不徒作技艺之末也。』

〔七〕长，据太极拳谱所补。

江大海，滔滔不穷。十三势者，掤、捋、挤、按、采、挒、肘〔一〕、靠，为八卦也。进步、退步、左顾、右盼、中定，为五行也。合而言之曰：十三势也。掤、捋、挤、按为坎、离、震、兑，为四正方也。采、挒、肘、靠，即乾、坤、艮、巽，四斜角也。进、退、顾、盼、中定，为金、木、水、火、土也。

十三势歌

十三势，莫轻视，命意原夫在腰脐。变转虚实须留意，气遍身躯不少痴（滞）〔二〕。静中触动，动有从静，因敌变为神奇。势势存心揆用意，得来不觉费功夫。刻刻留心在腰间，腹内松净气腾然。尾闾正中神贯顶，满身轻利顶头悬。仔细留心向推求，曲伸开合听自由。入门引路须口授，工夫无息法自休（修）〔三〕。若言体用何为准，意气君来骨为臣。想推用之终何在，益寿延年不老丹。歌兮歌兮百四十，字字真切意无遗。若不向此推求去，枉费工夫贻叹惜。

十三势行功心解。以心行气，务令沉着，乃能收敛入骨。意气运身，务令顺遂，乃能便利从心。精神能提得起，则无迟重之虞，所谓顶头悬也。意气须换得灵，乃有圆活之趣，所谓变动虚实也。发劲须沉着松净，专主一方。身立须正中安舒，支撑八面；行气如九曲珠，无微不利（到）〔四〕，气遍

〔一〕肘，原为太极拳八法之一，为截断之意，后因草书的传抄之故，『肘』字变为『肘』字，且流传至今。
〔二〕痴，太极拳谱作『滞』字，当是。
〔三〕休，太极拳谱作『修』字，当是。
〔四〕利，太极拳谱作『到』字，当是。

身躯之谓。运劲如百炼刚（钢）〔一〕，何坚不摧。形如搏兔之鹄，神如捕鼠之猫。静似山岳，动如江海，蓄力如开弓，劲发似放箭。曲中求直，蓄而后发。

力由脊发，步随身换。收即是放，断而后连。往复须有折叠，进退须有转还。极柔软，然后极坚硬；能呼吸，然后能灵活。气以直养而无害，劲以曲蓄而有余。心为令，气为旗，腰为纛。先求开展，后求紧凑，乃为紧凑缜密矣。又曰：先在心，后在身，腹松气，敛入骨，神舒体静，刻刻在心。〈一〉〔二〕切记一动无有不动，一静无有不静，牵动四两拨千觔（斤）。引进落合即出，粘连黏随不丢顶。

又曰：彼不动，己不动；彼微动，己先动。似松未松，将展未展，劲断意不断。一举动，周身俱要轻灵，犹须贯串。气宜鼓荡，神宜内敛。无使有缺陷处，无使有凹凸处，无使有断续处。其根在腰，发于腿，主宰于腰，形于手指。由脚而腿而腰，总须完整一气。向前、退后，乃得机得势。处身散乱，其病必于腰腿求之，上下、前后、左右皆能如此，皆是意不在外面。有上即有下，有前即有后，有左即有右。如意要向上，即寓下意。若将物掀起而意挫之之意（力）〔三〕，斯其根自断，乃怀之连而无疑。虚实宜分清楚，一处自有一处虚实，处处总此一虚实。周身节节要贯串，无令丝毫间断耳。

〔一〕刚，据文义，当作『钢』字。
〔二〕一，据文义，应为衍文。
〔三〕意，太极拳谱作『力』字，当是。

太极拳势法名堂谱

揽雀尾，单鞭，提手上势，白鹅亮翅，搂膝拗步，平（手）[一]挥琵琶势，进步搬拦捶，如风（封）似闪（闭）[二]，抱虎推山，揽雀尾，肘底看拳，倒辇猴，斜飞势，提手上势，白鹅亮翅，搂膝拗步，海底珍（针）[三]，山（闪）[四]通背，搬上捶，卸步搬拦捶，上势揽雀尾，单鞭，云手，高探马，左右分脚，转身登（蹬）[五]脚，进步栽捶，翻身撇山，翻身二起脚，披身踢脚，转身登（蹬）脚，上步搬拦捶，如风（封）似闪（闭），抱虎推山，斜单鞭，野马分鬃，玉女穿梭，单鞭，云手下势，金鸡独立，倒辇猴，斜飞势，提手上势，白鹅亮翅，云手，高探马，十字摆连（莲）[六]，搂膝指膛（裆）捶，上势揽雀尾，单鞭下势，上步七星，下步撩虎，转脚摆连（莲），弯弓射虎，上步揽雀尾。合太极。

光绪二十九年小雪前一日，腾（誊）[七]录

[一] 平，太极拳谱作『手』字，当是。

[二] 如风似闪，据文义，应为『如封似闭』之误。后同。

[三] 珍，据文义，应为『针』字之误。

[四] 山，据文义，应为『闪』字之误。

[五] 登，据文义，当作『蹬』字。后同。

[六] 连，据文义，应为『莲』字之误。后同。

[七] 腾，据文义，当作『誊』字。

附录〔一〕

进退连还歌诀

太古贯家堡吴耀科抄

起手齐眉气归田，左足先进肘向前。阴阳收成六合势，进步合膝出崩拳。

退回膝合拉弓式，换步一马箭三连。白鹤亮翅脐间里，攒挑上步快炮拳。

斩截回身劈拳变，色裹熊形鹰捉光。连演步步鹰熊势，左足先进仍崩拳。

返身狸猫倒上树，连还合演再崩拳。【此合膝崩拳。接演退回膝合拉弓式，连上练】

练时存心，内合气力心与意，肩胯肘膝手足齐。筋骨血肉为四稍（梢），金木水火土五行。内三外三成六合，四稍（梢）五行真秘诀。凡练形意，十二形中，龙、虎、猴、马、蛇、鸡、燕、鹞、鹰、熊、鲐、鮀，五行之劈、崩、攒（钻）、炮、横。无此秘诀，与外家拳无异。

民国二十二年八月六日，山西太谷县贯家堡后学吴耀科增补。自知不能所说之完善，望祈同志更正，是幸。

〔一〕『进退连还歌诀』『鸳鸯脚六路』『练剑秘诀』，非清代所抄，故列为『附录』。

鸳鸯脚六路

第一路

（一）起势【左顾右盼（盼）〔一〕，进步前立】。

（二）左平插掌。（三）右平插掌。（四）翻身切掌。（五）转身左斩踢。

（六）上步右斩踢。（七）鸳鸯浮水。（八）提腿横蹬。（九）右脚滚撞。

（十）左脚扑击。（十一）蹲身左后撩。

第二路

（一）转身右斩踢。（二）青狮抱球。（三）蹲身右后踢。（四）鸳鸯探食。

（五）提腿横蹬。（六）右脚滚撞。（七）左脚扑击。（八）蹲身左后踢。

第三路

（一）玉环右捧踢。（二）蹲身右后踢。（三）玉环左捧踢。（四）蹲身左后踢。

（五）玉环右捧踢。（六）蹲身右后踢。（七）鸳鸯展翅。（八）提腿横蹬。

（九）右脚滚撞。（十）左脚扑击。（十一）蹲身左后踢。

〔一〕盼，据文义，当作『盼』字。

第四路

（一）青狮滚球。 （二）原步二起脚。 （三）鸳鸯采花。 （四）提腿横蹬。

（五）右脚滚撞。 （六）左脚扑击。 （七）蹲身左后踢。

第五路

（一）右斩踢脚。 （二）左斩踢脚。 （三）双撞分金。 （四）擒拿左脚。

（五）擒拿右脚。 （六）鸳鸯戏斗。 （七）提腿横蹬。 （八）换步高蹚。

（九）玉环左后踢。 （十）转身右斩踢。 （十一）左脚扑击。 （十二）蹲身左后踢。

第六路

（一）翻身左斩踢 。 （二）左右阴阳擒拿脚 。 （三）鸳鸯盘卧【左右左】。

（四）提腿横蹬 。 （五）右脚滚撞。 （六）左脚扑击 。 （七）蹲身左后踢 。

（八）转身右斩踢 。 （九）鸳鸯交颈。 （十）提腿横蹬 。 （十一）换步高蹚。

（十二）回身提看。 （十三）收势 。

练剑秘诀

五行十法剑中精，子午指诀剑随行。

进法：劈、削、撩、砍、刺。顾法：挂、化、里（裹）〔一〕、拨、圈。大凡舞剑，神宁定，净心苦求剑侠风。

【一九五四年五月二日，八十二岁吴华亭练剑写：舞剑是等势，要慢；变势要快，用法须要灵机变化，巧妙者也】

十法摘要

劈、砍、刺、撩、剪、挂、划、里（裹）、拨、圈。凡学剑之法，俗名『宝剑』。右手剑，交左手，起势；左剑交右手，左手指诀，指天。右手剑朝天，左指诀划地。右手剑扎出，左足退回，扭步右手剑刺出。右手剑往后削去，右足上步，右手剑回顾，右手剑劈下，撩、崩剑连两下。左步上，右手剑尖朝天〈剑〉〔二〕。左足回，倒提金钟，剑收到底下。右步向前劈下，变为乌龙入海扎去，底势又变为海底捞月，剑扎与右足齐，回身扭步，右剑与头上平，名『十字摆莲』。右手剑与步变为削，左右圆圈转削。右上步剪拨，顺杆推削，向杆挂，左右剑劈，变为反身大劈，右剑收回，左指诀向前，剑随指反身换步，转剑四顾，右剑扎。又回身四顾，扎向左右。

〔一〕里，据文义，疑为『裹』字之误。后同。
〔二〕剑，据文义，应为衍文。

拳术秘集

提要

拳术秘集，一册，抄本，字体行、草相间，无版框，共一百零五页，每页行数不等。此谱最早由捐献者戴茂焰之兄长戴茂林抄录于一九〇四年四月，其首有名曰『绍先』者于当年农历九月写的『武功秘诀序』。据此，拳术秘集原先或名『武功秘诀』。然就字体而言，前后显然有异，应为两人所抄，这或许也是谱末之所以题署『民国廿九年六月一日』的原因。此谱由湖北省广济县武穴镇（现为武穴市）的戴茂焰捐献，现藏于中国武术研究院，院藏编号为G852.1-10。

此谱汇辑了诸多拳术内容，主要包括武功秘诀序；河象之图，洛书之数；对敌法；少林寺老秘诀；四常六戒吾师之传；少林秘诀真图；后天论；六肘诗叙；去手总诀；空炼（练）全诀；方向十二盘变动一百四十四向；大血十二时口诀；岳武穆教演八字法；杨世家秘传彪手法门；等等。同时，此谱还绘有六十七幅图，其中九幅为河图、洛书及先天八卦方位图和后天八卦方位图，其余则为拳法图式。因谱中不少地方的字体过于草陋，故难以识别。

值得指出的是，谱中有关河图、洛书之内容，为其他武术文献典籍所鲜见，值得引起研究者重视。

拳术秘集影印

拳术秘集

第五号

廣济代茂焰

廣济县武穴卫生院

湖北省体委武术挖整组

戴茂焰

拳术秘集

栽茂林记

戴樹焰书

武功秘訣序

余嘗觀古今人材出類拔萃超群者使徒有文謀而無武畧亦安能理我
聖朝之軍務哉且古有云揆文者必兼乎奮武聖門子路問子行三軍則誰與厥後三國周瑜唐秦瓊宋武穆及歷代諸英建大業立奇功者難以枚舉然此諸人儻無文武兼全詎能立功建業耶今之人雖欲鍊武功初入門時其一要品行端方其二要氣質和平見小人慎勿與交遊見君子則急宜就正心不宜乱想口不宜乱言目不視邪色耳不聽淫声身莫乱動足莫乱行勿談亡之長勿謗人之短其人若能以此為戒又當於每日清晨早起運氣凝神操鍊法門及至功成藝熟時自能為國建功亦奚愁名實不附哉

詩一首

撥文必兼舊武功、　斯言莫當耳邊風、
果能鍊熟其中藝、　定許朝中建鉅勳、

旹
光緒三十年歲次甲辰秋菊月重九日後學紹先謹識

● 河象之圖　洛書之数

天一生水地六成之地二生火天七成之天　戴九履一左三右七二四為肩、
六八為足五居中三生木地八成之地四生金天九成之天五　央一六水尅二七
火二七火尅四九金四九金生土地十成之　尅三八木三八木尅
五中土五中土尅一六水一六為水居北二七為火居南三八為　水此五行
相尅之序也
木居東四九為金居西五十為土居中央

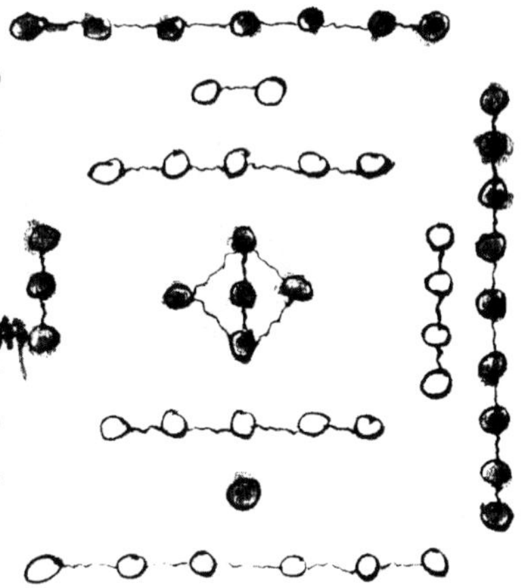

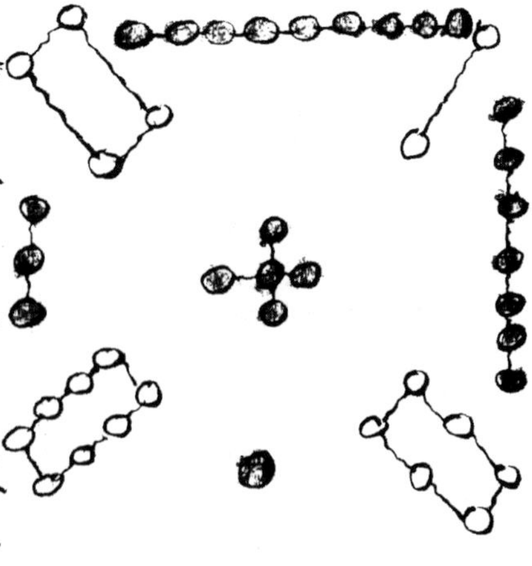

北方水生東方木東方木生南方火南方火生中央土中央土生西方金西方金生北方水此五行相生之序也

先天八卦方位

乾南，坤北，離東，坎西，兌居東南，震居東北，巽居西南，艮居西北。此所謂先天之學也。

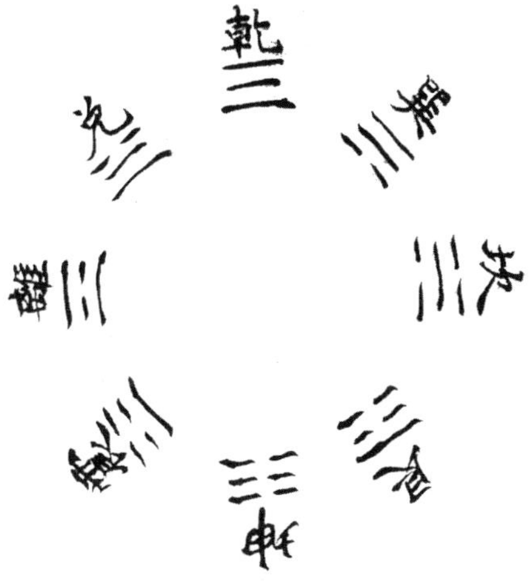

後天八卦方位

帝出乎震，齊乎巽，相見乎離，致役乎坤，説言乎兌，戰乎乾，勞乎坎，成言乎艮。

乾統三男於東北，坤統三女於西南。乾、坎、艮、震為陽，巽、離、坤、兌為陰。

對敵法○切莫忽視，虽三歲孩童動手，亦不可停留待打，最宜手到就打，脚來就招。故曰：容情莫動手。訣云：起手如風過，使敵不及妨，動脚如電閃，使敵不及躲。此所謂起手莫待打，便要打進步法。進步要緊，不使則此，我要又避生死，若逡巡畏縮，該被敵敗。但要六路精通，能解慌忙，方可對敵。又云：銃家人講得詳遍，打江湖也無妨，若是講不明，心中最偏难勝人。總之，當審敵手，空處攻入。

訣云：見空當要進，空若不准是病人。

擒拿法○肘從脇牽，兩手無停歇。又云：擒拿推果如風，敵須猛勇無術可救擒拿。

滾肘宜推果，封閉當心，只用小尖峯救塞，肘須身法反身，擒拿靠膝先，死中救

法，有何道理，身法擒用推果也，有滾肘入當心迎風，肩尖須宜

擒拿撥脚，急推果塞肘搀心，非小可降他下部，攻入来掩心，如神
敵跌倒一入分身法，十分贏靠膝肩貴到。
封閉法〇上為封，下為閉，兩手展落，如虎擒羊，務要陽起陰落之
掌，隨処必封，便敵不及走，大開又在别論。
呑吐法〇有呑無吐，頭面必露；已吐無呑，手脚無根。人只知已結
身之擒拿，而不知已離身之擒拿，較結身為更惡。
浮沉法　已浮然沉，其力不卒；已沉然浮，又孔多慈。人只知双手
去攻人，而不知隻手攻人比双手為更美。
陰陽法〇陽生陰殺，理所必然，人之一身，如天地風雲雷雨，然所不備，
焙門不閙，却是蠢然一物，人只知向前追求，不知退後追趕，所以大聖
人心法有六子之変化，然异，或前為後，或後為前，手足脚足
手實処虚，虚処實，活活潑潑，然所捉摸，訣云：一放一勒，要果轉

連結之中上下空

總訣云○十字身兩手平往來陰陽應可成吞吐浮沉手須明後緊自然前手然左右兩膀要精神咬牙閉氣君須記手眼秘訣不傳人

設教訣○鍊步頭大肘好看迎風起左右肩尖把央推直進步中尖單擒接慌忙連環手肩尖緊以左擒拿手奴十字身實要横掌陰拳也莫教浮沉掃英雄洒下天罗地網鬼泣神號

少林寺老秘訣

一人之身体手足皆可屈伸之節屈於前者伸之於後屈於左者伸之於右使皆屈而云伸僵人而已雖用五儀不能為也訣云剛在他力後彼忙我轉待不怕任君鬧又云視不能如能生疎莫臨後奔手用攻遍身俱是力更是陰陽訣請君要熟記大凡動手

當

他起我可起，他落我可落，俱要隨他曲中之步位，妙不可言。贊曰：我傍他前手直，当後手加力，吕押在中，学者到此，一贯萬通矣。教師林璞若其詩云：壯士執一鎗，只用九尺長，日月打一轉，即時見閻王。凡動手，須得進然，千萬更要先進而後退，則大勝矣。凡動身俱用後手功夫。今之欲打人者，只吕前手之力，去後手之功，總之不觧其中意功，其云備之咎也。

四常六戒吾師楊禦之傳

常恭師，常持光，常精鍊，常提防。戒誆人高下，戒妄動手脚，戒貪美色，戒夜行觀戲，戒幫人助力，戒交遊莫好誇邪。

向何如可順人之勢，借人之力，自明此說者，其中妙訣得矣。蓋須知他去力在何处，我不宜处与鬥力，待其旧力畧過，新力未出，然後尽虛即鈎刀鎗棍，千千万万，任來俱俱。

少林秘訣全圖

少林秘訣真圖

鬆動北方勢力早肴轉，犹如過電，蛍將身閃住，滲没結，万般形結用

擒搶拿，双手気穹变化

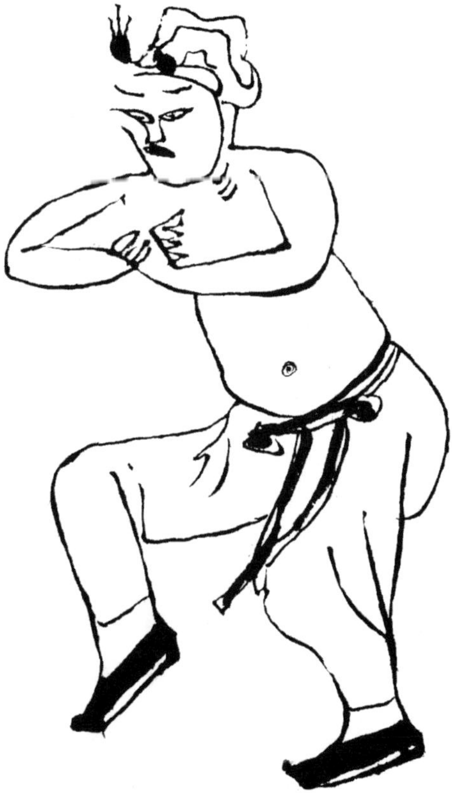

结身順腰落 迎風於起大肘便成功回馬倒

肘要仔細、緊防散漫及敵空、

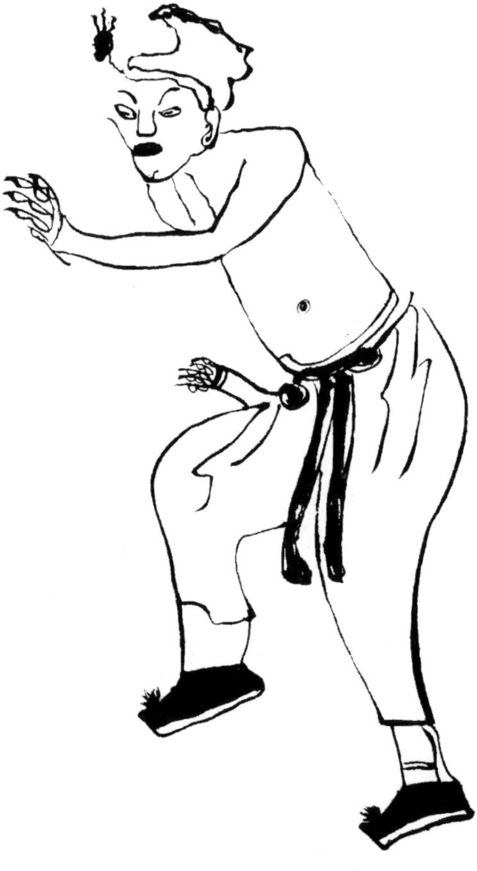

逆脇去死央、硬仙鉄拳棒、若傷心和血

真煞往胸堂、

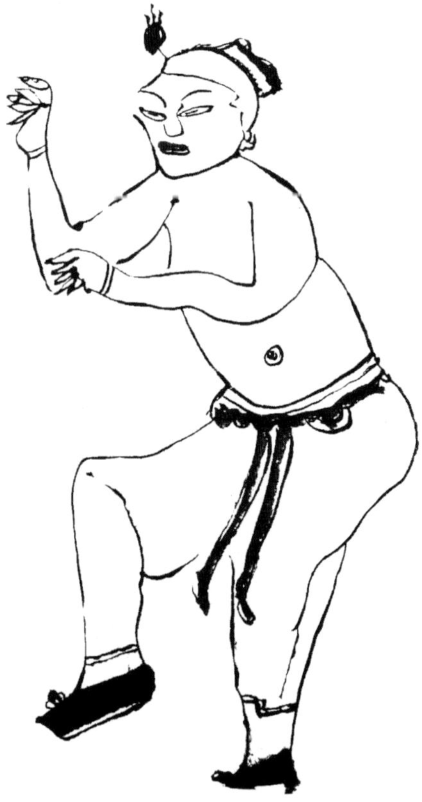

齊肩出滚肘、順項腰最難当、若能明此诀

敵从把命亡、

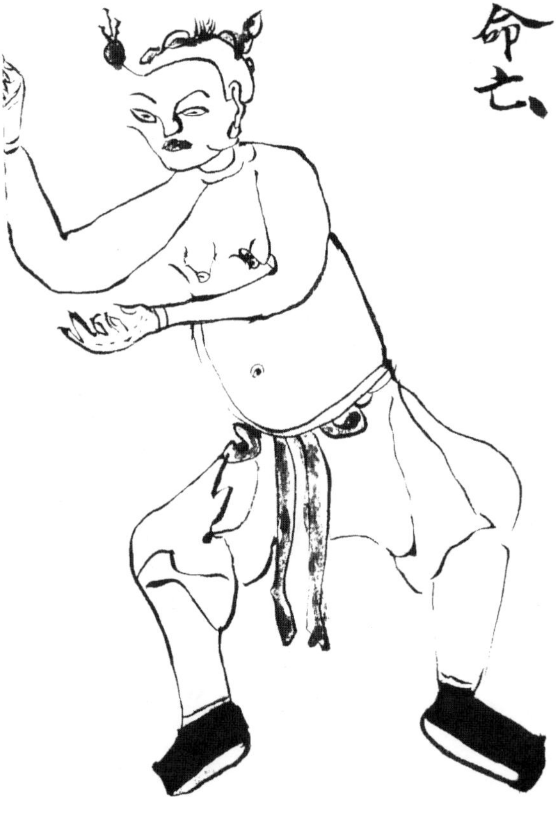

兼、破斷及似捉喜身為主、搃之肘怕露、腰怕起、

心怕乱、眼怕昏、脚是眼、手是睛

離
坤
兌
乾
坎
艮
震
巽

後天論

嘗思文治者不能去武功蓋武功者文治亦宜兼而用之也故明於安內而後可處常亦收於攘外而後可處變蓋必足乃以任之必當無可之先而操練則武功以百年而不用不可一日而不修也夫輔國忠臣取於拳子之門閭為將者拳棍刀鎗丟政又俱凡為國家出軍克敵方罰籐牌俱從見識計用亦非徒逞奮勇之猛全憑思略策之機雖治家如治國方算為將之勇也端其根本不忘其初為義勇者全安拳此者內外之分勢即夏季之陽火焰猛烈拳打足踢只以直進不避生死之故但今觀此見其猛勇而內勢之道則不然也惟操內勢之功尚觀成敗之局而究門失之故多陰陽向背展轉開合浮沉必細心參來即用公子孫輕之反正相生虛則實實則虛虛實皆由心法機變合故內勢之妙能治離大猛強自唐

之秦瓊、宋之岳飛、曾打鋭家之功、得其勝、又问其志矣、則内勢之勇、
与外勢之猛、大相徑庭、然即此見文治者亦兼武功耳、

六肘詩訣

斷滾倒破兜巽塞、边風鉄扇不离脇、須分身法納閒取、任走江湖
路不絶、
敬堂太祖秘語、鏡花虛處折、水月不須撈、
謙倒公訣、不要怯、不要愁、屑低矮一頭、輾轉尋空進、双手似猿猴、
震伯公訣、日月輪流轉、对月敵是空、能会其中意、萬事尽皆通、
周公秘語、東起西落身貴圓、水火相濟要自然、
楊芳桂公語、起落從空數、心中唸八卦、卦通六十四、太極是身法、
斷肘法曰、断手須從手開扇、尖直進撞胸胁、脉鋒跡入尋虛实轉
眼迎風鉄扇來、

滾肘法○滾從鉄扇起輾轉肘专心身法隨上下輪手便驚人

倒肘法○鉄扇分開劈面來轉身横掌更莫徘徊須知倒肘但六路

牛闌馬蹄令人猜

兜央肘法○兜央肘子最难明全在身法輾轉灵双手悪如猿戲

果結此果時如更相親

破肘法○破肘不离勾倒用手開如電最难收膝鋒到处难避躲

吞其身中暗自求

塞肘歌○六路只從鉄扇揚只因塞肘接慌忙手法輾轉正開敏肘

頭到外号陰陽

陰拳歌○不用鉄扇並迎風一上一下 似难攻若能純練真难敵孝

打陰囊一命終

陰陽掌手歌此掌不從六路用下如虎底上 如風但能打着丹田竅鉄

懞难逃此势攻

闭手阴拳歌　此拳無意起，两手平平闭，專打喉之上，翻身入覆來。

迎風歌○迎風掌掌從空進，徑直前心内，教六路不離迎風势。鐵扇横闭好难禁。

鐵扇歌○鐵扇横闭如電過，肘頭輾轉最难尋，琬宛如蛟龍双戲水，從空直上九霄雲。

串手歌○串手過如風，無脚也难攻，凡事識先机，但结要朕鋒。

滾身横掌歌○此势六路大不同，阴闭陽轉掌出空，翻身坐跨無拿捉，倒肘勾脚用背鋒。

犯央推果歌○左右犯央從脇出，拍身推果到胸前，此势能接變入双霞下肩，夫要自然。

中擒歌○掩手須從倒肘頭，前平淡際对相抽，离身掌法如狼底。

能擒能縱暗追求。

中勤歌○鉄扇直中 如過電。消開 勤肘撞心窩。足膀橫峯身十字。若逢遮結構矮頭陀。

浮沉歌○鉄扇橫開右腳鬆。左肩顧身肘子衝。依起身法旁地旋擒拿第閉收成功。

旁身擒拿訣○串手双標靠膀先。右 腳点 動左腳拖。須記身法分鬆緊。旁走飛騰不易傳。

双肘訣○此時斜倒死央果。人一怡教必初學。勢同六肘非大路。推果取同身法解。

单肘訣○单々塞肘接慌忙。鉄扇迎風不可当。此勢須分陰陽用。說教後學自思量。

翻身滚肘訣○滚肘平々鉄扇開。一鬆一緊任他來。腳下不可推難轉。

左眼右膀足傍裁。秋

小封閉訣○双拳擒起直冲前，震下犹如牛耕田，肩尖能毁重大漢，
下閉飄空暗脚尖。

連環手訣○撥手天拳直進中，掌如霹靂肘似弓，兩手上下無休歇，
左右連逕后際緊。

吐擒訣○右脚頻閙吐友擒，拖同翻手十字形，此勢上下分先後，探庄
人步更相親。

放手勢○此勢須然似吞擒，自然上下居分明，進步直前憑手煞相閑，
午字打[illegible]身腰。

立步訣○移步拍底如栽根，腿膝胯下別分明，脚跷往外足勾踵，任足 火
雄蛮不動身。

推果法○身法精閑，双手入犹，如猛虎下山崖，陰生陽煞，皆非腰起，左右

身備穩步踏。

吞吐訣○有吞無吐難保頭，有吐無吞腳下浮。能知上下兼前後，縱大英雄不用愁。

浮沉訣○有浮無沉力不平，有沉無浮勢不明。高低前後尋虛實，雙手不如隻手靈。

陰陽訣○有陰無陽眼花，有陽無陰亂如麻。學者能明陰陽扣，牽手尋空總不差。

開合訣○一開一合手難緊，上下相攻要自然。有開無合皆体用，有合無開勢不全。

進步訣○進步如射矢不可等，停留畏縮被敵破，空入攻作謀

翻峯訣○節峯宜進中翻身，遂轉尋空最鮮能。足交纏貼如地網，全用勝

拳虚忌攻。

平拳訣。兩手平節如上下。外膀脚跌如狼。此勢宜依占點。拳到處是難藏。

肘勾起鬆隨滚方似天羅地網。一冲一撞要謹防翻身遶轉是一填。

外纏胳訣。左脚点門右脚搶。膝拳坐跨弓分毫。单足能降鉄漢勇。人离兩

足必無誤。

内纏胳訣。左右膝拳似轉輪。膝拳已覆勢難分。離折只在提防。用勾倒纠

纏可降人。

肩尖訣。鉄肩横開潑串功。搶窺上下步宜冲。膝拳輪轉無窮變。拳法

有失意可通。

籠勢訣。上防頭拳下防勾。兩手折開左右拳。放鬆收緊宜真。訣身空真

橋勢坐籠。

車勢訣。身法无力骨如棉。氣凝貫下到丹田。手变串繳猿猴似。起轉落
雄难尽傳。
破势訣。左搖右落走飛騰。心下功夠起要浮沉。足走虛处还尋貫。中閃馬
蹄真妙林（訣）。
磨势訣。兩手平平要上抽。恍如轉磨势难收。足提左右勝峯過。謎是
黄龍擺尾遊。
△大封閉訣。人來水掩且低頭。前脚搖開後脚勾。身法飛峯横轉落。平不心
兩手似飛鵰。
△（柳葉扶訣）大擒訣。串执势横標搖执連脚。宜飄短打丹田。展開身法五峯到。轉合
陰陽勾倒顛。
輾轉訣。展轉全无脚。身法合陰陽。向背浮沉敏。交吐暗恭詳

拍法訣〇起手由衆大不同。全龕脚法快如風。此拳獨練五拳去一三樣

拍法各勢功。

廻峯訣〇勢如拍法同。翻身落虛空引人爲我逢轉脚自追峯。

滚法訣〇進是虛空轉絕踪。只須肘子由勝峯。臨場能会縮頭法

宛似江河戲水龍。

勾倒訣〇勾倒勢最妙。機巧。步巧能兼種種好。此個尤兜難得曉。

最是機巧上下勢。行到只味慢慢考。只怕人兜想不早。难得上爲

勾下爲倒。肘子滚輪仔細考。阳阴開合，向背攮轉。吞吐浮沉勢更妙。

直是鎗欉是鏟。諸法秘訣休乱道。脚胯勾倒用心討。收放行左右。

虛實堅結难倒。

劉瑕論

為學貴純其功，先人勉後人以誠鍊焉，夫學而不鍊，即不可以言學也，乃師勉人以誠鍊焉，人可不自惕乎，且天下只一事焉，為古今所不能外，聖賢所不能殊，誠真如學武功者哉，夫學武功者，要必平心靜意而誠鍊也，然學之妙，在入門之初，其六路三肘之勢，不外乎迎風鐵扇之根本耳，試思三十六肘由此而出，然而以下大路之勢則不然，蓋下大路之名，只有大封閉，有吐搶，大入門，又知大搶勢猶如入門金鎖之陣法，而翻奪不外肘頭，疑有來只搶我手，而須根其勢搶入，用輾轉肘頭，五峯俱到，難遂即用翻身逆轉，務宜足提動，則勾倒，須分上下，肘頭劃鎗，腳峯內外盤，如輾轉糾纏，切記要純練細細詳明，須会悟滾法無拿足，此謂別名，無極而生太極，又當一說耳，凡講太極，務擇仁義之人以傳之，勢云上朝天，下朝地，曰天地者，此名愈切耳，蓋鍊此

以手肘包頭裏身長落膝峯栽入身法輪轉以陰陽兩手肘勾從地
頭串起剗鎗從陽横開肘勾擬轉以陰陽兩手肘勾從地以蛮頭串起
剗鎗從陽横開对勾宛轉以陰逆合倒下滚入左右腰峯向背一震猶如
山崩石列翻身一轉其勢之变化莫測此可云相天旺地之像也又曰太極
圖取太極生兩儀之義另有勢之妙訣兩儀者即勾倒也若進入搶步務要當顧
左右勾倒直進左手勾下右手挑起手法变轉如輪須宜剗鎗倒莫不
輕傳勝峯糾纏矣分内外翻身逆勢反滚依拖訣云左右无别論高
低不可參上下勾倒熟能降猛力人此所謂双勾倒也若兩儀所生四象
如大封閉之意而斷與外勢之不同但於手以左肘包头右脚点門搶
〻過虛處務宜短入而左脚膝峯撞入肘外纏貼身法抽鬆以右四指
硬直標從咽喉又孔如是仍轉右手標入矣仍連環鎗炮而能追遠伏

近也即云交龍戲水其執能降行上洗脚之人轉取人之咽喉之孔以先也標鬆之强也故蛟龍戲之名若四象云標法耳而四象之生八卦其勢大具其用云廣即千変萬化之机運動氣血過流之訣若細悟其勢則妙不可言矣大凡開手則先後四象起肘裏着頭照法轉落以逆生勝倒向背峯翻入右手勾倒反起右脚提動而左手用標放即勾轉全身破肘展落鉄扇迎風搶起掩回勝峯撞進兩手無入之境相有鬆處用身法一落雙手從地橫接五峯要到獨肘峯長吐展進天動地之猛烈矣此勢剗鎗俱標放罗網亦在其中識者能知变化用為此勢多难鍊者皆知八卦难矣則所謂乾坎艮震巽离坤兑四卦屬陰務悟陰陽皆為向背之本尋空虛結為旋轉之根又謂乾卦屬金故曰乾為天經云講易見天心人能合乎天心則我

之一心如天一生水之義故水流而不息也而又謂天開東也即按乾卦宮位而伏羲畫卦以坎卦起坎居北宮所謂北方壬癸水故曰坎屬水論此势多以坎卦起用坤卦收坤者地也所謂乾屬金金生水而坎屬水義故耳邵康節先生分坎序曰乾一兑二离三震四巽五坎六艮七坤八若於卦之变化道打之势至此孰為書盡傳功而不可尽教尽教則必終有詩云龍落横節上連環龍鎖閘閃電從天降霹靂任他来遠离脚对踩迎结五峯裁天罡為斂絶地綱迎排徊此八卦勾肘細心会悟即在八卦中之機变也雷電閃光天動地震之語非偶然哉

參透玄機妙悟天　誰知相受却無緣　吾今

且把珠璣吐　仍舊歸山抱膝眠

伍氏拳势

李氏拳势

顏氏拳勢

趙太祖洪拳勢

岳武帝拳势

岳氏秘傳

秦氏拳势

岳家八法

伍氏長手拳勢

管氏金鷄獨立勢

樊氏單靈勢

梨花

蔣氏騎馬吞樁勢

岳氏拳势抛托

岳氏捕拳势

左碎掌

岳氏拳势

岳氏鏟催势

残 摧

岳氏捕拳势

双抵掌

伍氏虎拳勢

滚法
接法

双拳

翻拳

勾倒势
其二

其三

其四

天
地

人
和

乾
坎
艮
震

巽
离
坤
兑

此手精奇豬人須知其中妙趣瀟洒自逸按上接下堅志學習功鍊能成大有進益八卦推演手擧曲直向中子午逆字八折残推援奪牽撩逼吸手中八字步隨向移抛托揮煞殘粘順疾隨手所化切勿努力吞吐粘取循環莫离逼撩存心時刻莫遺逆來順任取虛分實手粘其身疾推莫遲任彼千變我心歸一上中宜敬下步當曲彼來雖猛吾手粘吸以柔克剛以疾克遲任彼閃擲彼勞我逸以長制短以直取曲力盡千斤須細分敵去無形跡進生退死切勿畏惧勤演習鍊獲身自逸不害吾身何妨兩釋功能有成本手須識守口循環一能一逸縱我難成尚觀虛實彼來毋虛我占極實以實取虛以虛取實勿遺吾技莫謂不奇豬人文士皆可為之好匪莫傳切記其宜

八法解註

殘者軟也如人足有殘疾毫無氣力二比相鬪不用極硬何也因硬亦能活柔軟則能變故取之

推法○推者哇也手法向前推人跌也不推豈有自跌之理乎

援法○援者救也彼肘向咽同鼻并心腹等〻緊要〻處若手直不回救則被中傷矣

奪法○奪者搶也彼取我外咽耳項腰脇腿足等處我即回勢以搶之

牽法○牽者順也來勢猛勇力不能敵不當與他鬪我最宜順勢以牽之

捺法○捺者按也彼往上〻或拋托者若輕按而彼〻推則手浮飄矣

逼法○逼者阻也近撓其身倘彼真有力量破逼教無能用則阻之

吸法○吸者吞也彼或打我手若硬鬪手必被傷我即軟吸以消其力則我手自不疼矣

来去手先立法訣

不丁不八立步左膀畧撐身勢在後右步活便自然

出手立步法用奪

我手方將出彼即取外關急回身勢奪推步向前

順其力法用牽

出手內中取任彼內外充借勢足帶用用順與牽同

阻其猛勢用逼

彼將起猛勢急宜逼向前滞達其武藝且不站自然

手不受傷法用吸

盡力打我手硬閉豈可當吞吐消其力無得能粘傷

先立法

左膝曲彎右膝鬆 双眼切緊視其胸 渾身莫用絲毫力 去手尹方步依從

兩足並立左膝曲彎身勢懸後右力自活 倒身立步活便自然

十二秘诀

先立法

生産

手去殘粘法

側身去手步輕移。端向猶如是坎离。任爾亮來莫畏怕。只將殘軟近粘渠。

通手皆不可用力軟手向前粘人也或粘其身或着其手皆是粘着也即在其処用潑推法推之

牵手残粘功最奇残粘疾吐勿推逼消肩直腕身宜曲步法須從之向手移

推法

先軟粘其身粘处即起推須肩並直腕曲身步向移俱要一齊發一处不可遏

残粘揆奪牽捺逼吸一手錬熟各宜所用

八法貫通畵

去手殘粘推即直內援外奪隨高敵肩順其力捺粘取逼破虎狼吸消力此手每出用殘推推入無論前後內外上下粘即推之然前消肩腕向身步前

擒拿解訣法

出手每用殘粘須知防內外双单擒用援外边兼內奪分開解脫各依门外边单擒或左右步開虎口左右尋彼若兩手齊拿緊分取一手莫粘身彼若右手來相接对鎖疾推去無形名拿轉擒捺出虎口退步急推莫留停若是双拿仍取一兩手自開疼不輕擒拿法最难尽載此皆可以觸類尋

觧外左單擒式

解外右單擒圖

五随向

解外双擒式

解内双擒式

内双擒者身劳仝手往下沉吞曲手腕手颈即取渠手颈搽之肘实取向推向去双手自开而跌也

解内左單擒式

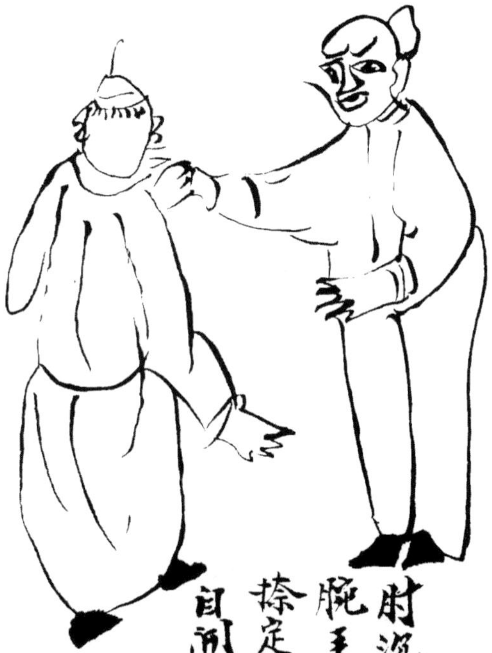

肘沉着下取曲手
腕手頸取準手鎖
捺定對頸推出其拳
自前而跌也

觧内右单擒式

手頸畧起手肘畧沉
捺足虎口進步急推
自然手濶而跌也

此圖錄而不用變動雜難以盡記只用上十二方向有方取用備詳下卷

去手總訣、

手從体边起肩往下沉手頭輕起对胸去手他变我跟

側身步輕移側身出步輕〻着地不可踏實〻双变移

藏势湾左膝左膝曲湾實在後左右手去步活更自然、

殘軟近粘渠但凡去手要軟 如綿任彼先來輕〻急粘

殘粘即推吐殘粘着即忙推吐粘処先發至腕消肩粘

消肩不可遲發起推直腕消肩盖身進步切莫遲 延

回来接回救彼取我内回手救之步对渠当方向自然 被取

外關奪相隨彼擒我外回勢奪之手足同進分推向前來勢猛
勢順牽可用力尽力向前順渠力隨伺前可牽擒拿
擒攔捺正宜手攔彼撥開輕捺按取分推步向前擒起
逼彼猛勇勢兇勢粘逼向前滯死渠力阻其活便被攔截
吞吸力可奇彼起將手靠非即吸毫忽不疼

空錬全訣

1 每空錬必要沉肩磨去肩力去手畧曲推肘即直將與放鬆手去自長。

2 每空錬必要手足身勢力一同而去無許先後

3 每空錬必要相眞对心打來須滚其拳手足全去取向推之

4 每空錬必要殘粘相殘即忙推吐

5 每空錬必要手頭推起消肩直腕蓋相近

6 每空錬必要相粟内來即用接奪粘而分推

7 每空錬必要接上中下三部高低進取

8 每空錬必要相度方向或前或後或左或右皆可進取

9 每空錬必要腰曲脚直頭正下步可灣膝足宜高

10 每空鍊必要提防，我手推肘擾步變化，隨其變化而吸取之

11 每空鍊必要手足身勢直快如風，身輕脚便，無令滞阻

12 每空鍊必要彼來如猛虎之勇，我急逼近其勢，而輕粘之

13 每空鍊必要外左單擒、右單擒、雙手擒，各分法取之

4 每空鍊必要內左單擒、右單擒、雙手擒，各分法取之

14 每空鍊必想遍身上下周圍，人不可粘，即对面推之

16 每空鍊必要渠盡力運身向前打來，借其之勢靠之

17 每空鍊必要想渠或擱開我手，或挤或抬，須輕捺擾取分推之

18 每空鍊必要想渠或按，或吸，或截，或剪，欲斷我手，待將近而吸之

19 每空鍊必要想我手被渠或拿落，仍在粘處

以上諸欵俱要緊，不可少一。學者須知，堅心鍊習，至純熟時，自然出手

無失矣　方向十二盤變動一百四十四向

立子對午 内援 外奪 取 卯巳辰 酉未申 三方　寅方順丑方章　戌方順亥方章

立午对子 内援 外奪 取 亥戌 酉 卯寅 三方　申方順未方章　辰方順巳方章

立卯对酉 内援 外奪 取 申未 戌午 子亥 三方　巳方順辰方章　丑寅

立酉对卯 内援 外奪 取 寅丑 午辰巳 三方　亥方順戌方章　未申

立寅对申 内援 外奪 取 未午巳 巳卯辰 三方　辰方順卯方章　午未

立申对寅 内援 外奪 取 丑子亥 巳卯辰 三方　戌方順酉方章　午未

立巳对亥 内援 外奪 取 辰卯寅 午申未 三方　丑方順丑方章　酉戌

立亥对巳内援外夺取申酉未亥子丑三方午辰方顺巳酉方牵

立辰对戌内援外夺取卯寅丑申酉戌三方子亥方顺亥子方牵

立戌对辰内援外夺取午巳辰申酉戌三方卯亥方顺寅亥方牵

立丑对未内援外夺取子寅亥寅辰卯三方酉巳方顺申午方牵

立未对丑内援外夺取子戌亥寅卯辰三方酉巳方顺申午方牵

以上一百四十四句熟记断可用之如一方不熟即不能跌人倒矣但方多难以尽记欲求问鍊那口傳心授断々不能跌人也

方向全圖

子午卯酉寅申巳亥辰戌丑未十二方独要立子方總以左脚所立之方為主如十一方任彼那方打来即以右手回还往渠手推之

手足方向圖

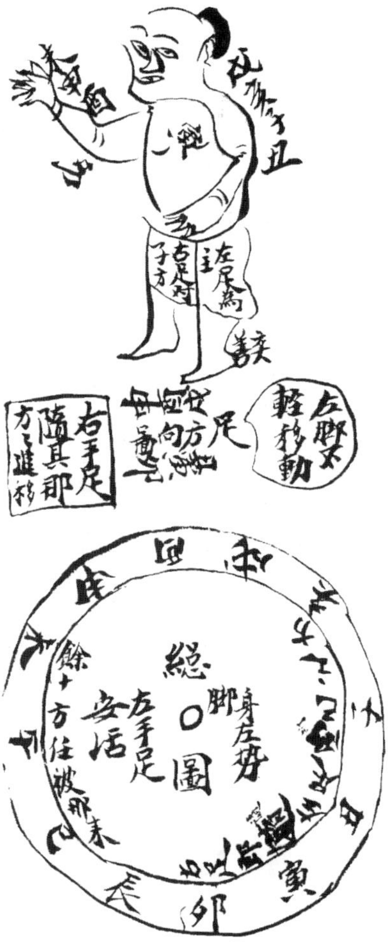

若先取定方向易推吐最難我手直去被渠内逼手實直而能推用法

譬如手实对手彼闪身在外手逼我手留在粘處对外方推之又手

頭對渠闪在子側身子逼我手當對子方推之手難取横而内仍消

肩直推也 合皆如此做推之要知八字并方向然推法必要練至極熟、、

軟手残粘二处急推消肩直脱出身進步五処一齊發用倘一処遅延

難以跌人

分法

彼手打来落下之處定然是實在靠去離一分之地对向吐之無不去者譬如

我手直去往闪以彼来我手相靠之處自然是實倘在靠處外渠離一分

之地分而取之 彼在手

外關破

别處欲依此做之

此拳殘粘推吐為主然推法一時難就身手跟足手節之處有曲直消中近移虛實奇如之法破盡無載手當堅心演練純熟推時各處一齊全用為妙

出手立擒方向圖

左足跟行十二方

右手左腳隨其即方方方可以進取

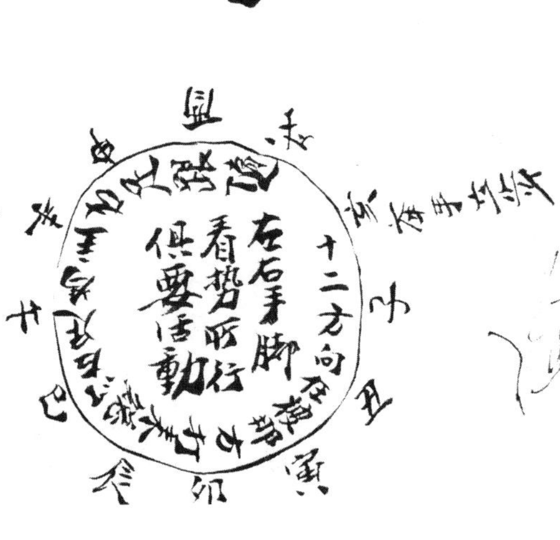

若先是足定方向推吐残易最難者我手直去被其闪過手頭直不能推用攄取法譬如手頭對午彼側身起手在外手当在粘处對外方推之右手推面彼側身起手在子手閃逼我当在子推之手虽撥發而内乃消肩其推也餘皆倣此推知八字方向然推法要鍊至純熟軟手残粘〻去即推消肩直腕曲身進步五処齊發而一処遲延不至則難矣進跌人也

千金訣

千金一訣鍊熟各節推吐齊應然難尽說外借彼力須向内取内借己力各節應推内援在腰分轉分奪右腰外轉手脚自活步有四法直去横移但凡進步右腿畧沉左足自起活便而行手落自推步亦直行内援外奪左右分旋左膊右轉脚隨手向往外横移右膊内轉隨手向往内横移遠

者須用大剗進逼近者無容進步推吐肘对向脚畧移動以便手法

盡將推法載备
中学并須当细
用功鍊熟通身
骨節巧吐時齊
用妙無窮

虚粘肘实推
則虚粘則虚
实推則实随
手進

千金推

一訣鍊熟各节推吐齊妙用難說外借彼力須向取

處内借己力各节應推

援在腰外轉手步自活

奪在肘外轉手步自活

步有四法直去橫䠶大進畧移

脚步圖

手畧直去步隨移
兩邊橫足端過圍
遠宜失步忙攻進
近逼对方畧動移

凡進步左腿畧沉則右足自起活便而行手若直推進步亦行內摟須將左腰外轉脚須往內橫𧿒移外橫須將右腰外轉脚亦隨手向外往外橫移遠者須大進步逼推近者無容進步推吐時向脚畧移動以便手推也

大血十二時口訣

子時血氣正朝心人睡猶如去歸陰丑時肺乃相傳之官府却以行諸臟之氣精時寅天心穴在正縫中只怕破頭傷了風若是傷風心寒了縱有妙葯難成功天頂血在亦当中受傷不宜飲食攻血似長絲如射箭心驚肉跳要送終血海輪流在卯時只怕此刻破了皮人是昏迷血似箭燒紅金銀即可医井泉穴在耳之中辰時受傷又孔通鼻流鮮血牙關閉住是妙葯也送終巳時井蘭血上氣即欄標手打浮咽喉番手重妙葯也難救手輕医用回生丹血脈流通是午時不宜拿上破了皮人是昏迷血似箭血似蓮花不可医未時血海在膝膝内居重屋室大室連此時若是傷了他縱有妙葯也枉然申時血海在尾通二十四节氣能通受伤兩腿俱难坐又通氣下血名標中酉時血海在痛重湧上血箭不知痛回去急心把葯来救只要金銀燒得紅銅煮

滴漏在戌時犹如麻症小腸経受傷不宜先服薬燒紅早谷燰小陰亥、時湧泉穴上辟如麻受傷之人面帯黄蹈行一步也难走今十二時中用妙方教演跌打秘傳秘訣

四川華陽縣林山梁山仙竹園

霊

袖珍十八法秘訣少人知太極身安位陰陽变化機全憑真子午辨別實兼飛浮沉与吞吐圓滚要隨心舞爭推共糾落進退封分別粘靠並揮救撥撲兩離分援引抛托用招攔消納備擒拿真六口訣妙法少人知。太極一身由太極兩足立根基濶狹因長短如山不可移、陰陽全軀一轉折上下分陰陽動靜聽前後砥柱鉄石橋

子午如何是子午頭面對針峯兩肩兩膝、上下總相同

浮沉○浮如雲出岫沉似石投江、左右常相雇生提把陰藏

吞吐○：吞身如鶴縮。吐手若蛇奔。橫（攻）擋隨風入。輕重左右分。

圓滚○：去手剛柔濟。搖鈴肘脈圓。粘衣如滚浪。貼肉要生根。

斜落○：斜（拌）擎手如舉鼎。托攎（攎）意自然。敵勢將身閃。落掌看中偏。

尋推○：尋風挨手進。筋脈要堅強。真欲將柔制。推揖必須防。

進退○：欲知進與退。敵進多生進。可退三蹦退。一不能轉移。

封閉○：閉戶牢關鎖。双封勢不移。機關將動處。去手似春雷。

粘靠○：去手防牽制。翻騰切莫逢（送）。粘身即時落。靠吸在挪移。

捶板○：捶去勢如鎗。拋托切莫防。挨身牢立步。板靠莫離橋。

撲撥○：撲手勢如虎。迎風直入空。双手是剖腹。撲撥要鬆橋。

撥撒○：撲撒看偏正。關门任意行。上中下三部。手到要分明。

援引○：敵手如鎗入。左引右抓攔。跟踪防偏手。反掌手照面還。

抛托 此法两家同。生橋不可鬆。最嫌肩着力。扭搭齊成功

擒拿 擒拿須訣穴。骸骨即酸麻。其中真妙訣。等閑莫亂傳。

抱攔 抱攔手莫低。任來隨何敵。他若種勇力。自縮消納備。

妙訣

先天與後天。相運成自然。氣海血海是。日先後天。擒拿閂子午。推擁不論偏。圓滚隨機應。攔撥即是鞭。左右須定向。借左要剗纏。

嵌穴拿持手將一去如箭上弓弦双手看去定抛托風揍簾吞吐要具動浮沉点胸前脯腹宜献不標勤似雲連跌漏宜上步震送依禁肩封閉憑盧磕引勞防側邊若傳玄関内他口血流涎依度行此法人死限半年妙葯三又治方可挽身豎秘訣當已盡功君莫乱傳

解秘訣註釋

先天與後天氣海與血海皆係內內口訣是先天如吸後天之氣以存又將血海以存氣海此乃四氣合一氣之妙訣也擒拿閉手午相閉四氣之力以定從他虛處擒拿推拔不論偏勢之虛處而推拔之圓滾隨机應是以已之手听他手勢是上下四肢手足都要閉手午是以已借應要糾纏是以已之手進退必須閃點彼雖剛勇力是他之手勢以相應夫鈎嵌究章是落虛處持將手一去凡去一手四氣之力聚精而貫如箭上旁絃是手中之推往來双手奔去定是手之當中以照應下拖托風擒撩是他之氣力剛立將柔以濟剛如柔風之搖簾吞吐要莫動是一吞一吐瞪功夫可偏動也浮沉照胸前乃將血氣之力聚積於胸一浮一沉為有自己知覺脯腹宜欲不是週身端正四氣之力積於臨門時吸玄関出手都是此力如雲出岫常連不絕滴漏當正步是一手出來貫裡四氣以運四肢震送禁低肩是手入人胸

膛而脐不可低由四氣而入手也封閉懸虛蹈是封閉之中手宜虛歎即剛而取柔也引势防侧邊是以力通于手贯精之脑以防兩邊之來若玄関之内是玄関完內不可亂傳也此口血流氾是氣由玄関而入此穴得傳故云依度行此法先知三時長接而死也妙藥三七之內治方保更可有藥治方可挽身堅是接度後此傷三七須藥治一身永無損傷秘訣此已盡可以隱口訣於此冬〻載於書常人莫亂傳也

岳武穆教演八字法

岳武穆教演八字施行於世人有妙術其功不可一例同現行強曲非功莫妄傳文人弱士方可施授故道有君子小人之分傳見吉凶邪正之变是君子可傳小人尔不可傳何也傳之君子不過護身防己而已傳之小人即虎添翼必要害人不淺矣

兵衛勝分曰

人吾門者非世俗小人之比也能以藝為貴不以藝為能又曰以量為能者其人為吾所欽羨也之後之學者由吾而效之斯其品可保矣吾嘗見世人多品不明每時少年豪氣胸襟高傲眼中無人惟知有己不知品人妒嫉之心生于平日殊不知結怨日深構禍于蕭墻身之所以敗也是故君子養心故求人之恕要先己能恕人也求人之量要先己有其量也或問曰恕亦可學乎公曰人生之初其性相近其習相遠也此吾幼時犯亂未常品也先生曰窮理則明々則寬々則仁矣不可便動声色一毫之拂即勃然變于色而無推己之功一時之違即憤然發于声而無涵養之功亦安能謂之量且恕乎若遵理循法屈己讓人安靜守分使人稱為端正士其量恕不已至乎生徒為吾八字法導消預備不虞之理也即後之學者亦可恕乎哉

撥引救也捺重接也奪擒也殘揉也推摽也牽順也逼攝也吸縮也擺擲也揀

摩宜急急也

此訣精奇不必猛力文人弱士學之最易絶究真理歸十八字按上中下

左右進退本手進步切勿勞力步按于干後曲前直殘推援奪牽逼吸拋

托擦撤隨手順意逼搭隨招借彼氣力手到他胸急擺莫遲任你千變我

心歸一破來當儀圈揮敵奇可擺撥不閃粘跌更奇妙以柔克剛以速克遲任

彼擒挪彼勞我逸隨何進步何勞氣力勤演勤鍊護身有益其中妙趣

瀟洒托為入門手法手要緊直于午定向看勢分折上中宜緊下步宜曲

勿輕敵勞登陸便敢逼吸存心時刻勿為他來當擠我手宜緊力來千斤一撥

分敵來力踪影去無踪迹不害吾身何防兩肆守之循環以借克敵知我與敵

南觀虛實彼來也虛我亦之實若我吾擬莫不生奇謹防失敗方後恒遲

鍊残字手法

此手变法首端起手周身俱要軟和不可相閉時先用力則难就裹起眼祭還真胸心莫發乚則怕乚則有恢怯眼起手以二指為主以射心箭不可虛於左右要靡肘身矯乚常遍吸二字脚膝要和軟心發变胆放大發去無差恢残字之势变化俱大宜用推以残字

乚虛乚實法

動則虛变則虛勞則虛曲則虛短則虛開則虛退則虛靜則實逸則實真則實正則實長則實柔則實進則實虛實之道既於須接其法之中自宜用演時練熟時貫通以会其意方為有德之士也

脚立樁法

後脚略緊前脚鬆。如丁不八是其宗旨。步練熟立樁穩。又解緊乚視其腦。

舉手去破休要怕。手既占身步亦從。去手占身隨用力。相粘即推可搶攻。去手即軟肩用力。輕粘隨手任西東。右右相幇要吸逼。護防失放彼來先。身居遠正門勉強。脚要避分擒要穩。左右相幇合伍聯。眼觀其胸真轉移。去手隨即殘採取繼。以推字乘虛進。暗藏緊疾總為推。心中運用隨機變。此法學者當自知。

初去手法

去手原來在腿邊。意隨週身要軟綿。兩眼觀胸休閃漏。閃時莫用力當先。心防變來膽要大。腰要逼吸右肩。雙手如籠胸前去。殘變撞分擺實。虛防先防攔撞。變殘相取疾勁粘。連吸全憑小掌幇。一点最點即推須緊。已變化不從此。手待若彼攔截砍手出。雙蓋粘風生時光。善用雙單擒拿法。落之時不用爭。不歸進取即變换。知他起手防他變。心眼對胸用小掌。動則接手一小掌。總之推撞要逼吸。練熟精通閑成自然。

鍊習手法

去手殘推緊即隨逼擦三分借彼力抛托撥揞隨變化援奪牽拏緊急
圍吸袁能推即他來舟吞吐粘搭立功奇餘功好閑援文士須去攔西與腕
奇功鍊既風尚有技教尔勤習須寅把獅子抖毛鵬展翼糊蝶撲跌
牛耕地轆门左右襯身緊翻騰舒展膝落勢手似猿猴脚似貓任彼剛強
何足畏來手出時無定踪肩隨手出對其胸步正速提往前進右左
鍊熟自同功双眸對胸無洩漏顧盼隨機應變通身法端正勿勉強規
模体勢要圓融四肢筋勁宜沉緊去手立步要相同接足當先無畏懼迁
滯行來不見功立定脚跟為準則左右上下覌顧良任彼閃躲隨手變虛
中尋實在權量逼殘同去無過順手中得法甚當流殘中變揀隨手法

一捶中变残不慌忙字々備理须实接上中下部要推詳辛勤習時方為貴
熟練此技就解当照摸打下無差々摸专好訣應該手無傷性静快逸目精
神忙意吸身正貌柔心剛擒撤疾推功成々敵手手定向安莫亂移內
実耕湲外似安逸脚手從進粘氣隨々接上中下坚以背々上中宜緊下步
宜由避渠穩勇吞手緊氣進生退死功切切慎甚手刺胸膛以搭緊敵攻
其所法先々以至任彼千變我心歸一搃究其理應手隨機勿矜勿恃勿疏還
奪々如荒暴々如狒緊求舒力接若兜騰挂彼閃躲彼勞我逸力求千斤
三々休力未有蹤影去無形蹤八门演法去手緊疾殘推援奪攀搭攙擋
挑托圈掛吞吐遍吸牽帶粘貼字々存心一心不精未可甘成緊勁順疾勿輕勢
力以襲迎接以曲取直以靜待動以逸待勞遲來順取偏來複應來々以虛去
々以實作從主意勤演時習好強莫教文人可習其中妙趣天巧奪天功

殘字總論法

殘為起手第一先。虛實實中見技能，虛收閑手推肘。去貼藏緊疾順而牽歎其去之銷路。如勇在小掌一點藏存。備善推推手失路。撥救推之便，得當撥為披掤截砍來雙單擒拿在右地。巡迴糾時勢盛猛。盤肩拆手捺搭推。救為急隨其面敗。上步插力方可援。左要封他起手更。心歸一點小掌中。

論變法

奪其力變以援內門，根破至胸前截砍雙單擒拿手肩鉗捺措也平平高。第上部勇難勝去手留地不立定牽隨順帶左右邦切立橋立穩要緊吸圈順之撥手變有困粘亂時身如進勢退虎猛去手難順勢一點如神吸吸逼時時想在心擒拿接住胸脇傍相處下部勢為急須用援救龍，鎮精攔拗圈上掘勇進難求，彼手拼與閉不驚身腳隨手粘勢不離先入虎口進進步步逼撤即推逼托舉手在胸脇下進步逼撤即推推托來手至伊頂上急逼撤去疾推退更有相逸陰陽手帶牽隨去氣氣可為托身邦手俱可為奇此取彼在閉封併彼氣力取其虛怠撤緊推無不以擇為先來勢甚兇奔手不許直取中平手落時粘貼上要知變擇易成功粘如連吸亦相同去手週身要軟和動取尤宜疾速多併彼寔虛機若小望吞吐吸仍併氣力能以手軟軟為和按捺手勁直鍊熟一肘一股動消望緊緊跟彼雖變穩撤疾速去不係按貼兩手莫亂身謹防失落無差誤

統論理法

夫人修之至弱并稟先天不足者即求後天陰之功其功莫先養其精滿功成性依氣血充盈經絡筋壯體潤骨健則百病不染變弱為強務望然而曰人之有此果速效之必至身受所損矣修弱為強為強之道既明再再究其十八字之中其所最重并能勁合健伸縮不離其手須備精神虛實之道全在吾心之中自然操度行移變之奇正動靜之間無其所不及甚未出之如何用勤練習时方算為貴練出手法是可為奇超群引為奇也

差譔妙手得訣登明畫意腑身正貌柔心剛

鍊戩字傳推吐之法

戩字勢快活仙之比爭鬥周身如綿手猿足獅之狀心雄膽壯而粘摹聽根捕虛實發則似箭離弦二指為首咽閉時鼻先左手顧身之虛屏右膝相敬心防吸氣存心誰敢占吐如炮響地裂山崩如其妙法不能而不能。

形勢須像

音形此手猿足獅內精與神外視安逸實係身分三節兩眼緊觀他人之胸其中吞吐便要鍊熟三合一二三四五開按疾字扣取內靜之軀緊動相隨手足一線而去身要同往心與眼疾上下手足應之如一氣自湧泉而貫腳此一身之力也按手掌隱皮如雁翅一般氣入而手即緒也手入凡去身收殺多並要鬆力來者身入偏去者敵推也

十忌法

一忌凸相二忌怒貌三忌聳膝四忌硬立五忌拳手六忌指肩七忌用力八忌亂推九忌畏怯十忌退縮

四練口訣

我在床上眼如人立我前思他手足動我用推與摩功夫如此練凡骨練成化

我在途中行如人與我爭儼然他手發我手不留情行走常時記功夫自高明

我在燈前食如人與我敵撓然拿來我手恩隨吸功夫到自然必要於斯習

我與人共訣，恐人即指殘我仁先防肩人來難上難須当這樣練何時有空閑

以上四論属無上道人訓徒要語凡由斷路者宜遵循而固焉可

少林寺武功秘訣卷終

楊世家秘傳彪手法門

立步如泰山兩足抓地身啟立石勢昂力猛脚步四六分力則丁不丁八不八不怕跳躍怕彎身腰若歪足勁雖有神力亦丢用也打人要心不善起手要重落手要勁手似眼足似睛進步要緊退步要鬆緊不離分毫鬆不離數寸膝怕啟肘怕露膝啟被人跌肘露被人滅身歪步不穩腰歪勁必弱總以快捷為妙也訣之彪手似对头夫彼人沾来则我须為人動手不可慌忙心要定以膽為先論可傷情不可順情如有順情傷了自身謂之弱夫慎之慎之

進步訣

進步要緊越緊越跌退步要鬆莫要停我用擒拿兼推果勾倒連環護自身見空若不進瞎眼人行路若依口訣有打有跌不依口訣隨手去别起手要有路進退要有步無路被人打無步被人跌腳步勿亂動則必被打手法勿亂動則被必跌身法吞鬆取虛必勝也

肘對訣

肘當打其左右兩傍可打心窩不可露肘被人搶拿万難救也去手似風过打上封下起手如放爆便可左急發手要護本面以防敵人

迴風鐵肩

彪手訣

摟推援奪拋托擸煞吞吐浮沉用彪手先做接勁後出彪要辣到五法隨行方可效也發彪手不用肩着力左手顧胸膛十打九有致

出手后足曲曲前脚探探就如月裏偷桃手出火炮连天称手扰如蛇盘马龟手法眼法身法动法势法五法同行方可成功夫全眼为先反容为主五关扒路一关手抄二关手拿三关手背四关手劲五关手肘凡跌人也五关情楚莫学人进五关者进五关万难救也倘若进五关背要紧紧凡有扒手推带跌浮擒下凡放人桥要观上中下三盘左右中三门不慌自身四评其进不许其退飘杂背斗擢动后脚继以身法对人之心不极脚出手如不生根工夫未到要如何行练还要不出也

八法势

挽软硬推长硬援要短夺要紧紧牵要顺挪要接逼要隐吸要急后脚要实前脚松两眼关关观其胸轻跳随手一两如紧比手其精莫敬不宜着力持人文士皆可吞亡总究其理八法手

势君进步取由子午任他千变我心但一纵我虽成由观虚实彼来我虚我占乜实其爱吾决莫踢不肯软起双手足险移手顾胸前庭对其紧步移肩随被脑莫放难手来黏时休用力换推即吐切莫迟捞足抢腿见得用随转随步取顺门步法安门习精奇乘足随身进四围一双扒手迎练熟就临时取用便甚宜

肩尖诀

肩尖要对脚尖进步跌一进见势接手肩尖进一步可动履路齐打也要变变中之间果是难偏君依理真口诀继打变子怕不难侧门肩插进步事要合理齐手莫等打等打便是假休要心雄胆壮先到为赢也

练手劲法

生劲为先拙劲为后夺劲扭劲劲之间千斤棍练放接夺习五

头手带銃擸去彪總只尽涧二十斤煎银柴五加皮生栗苍生
乌生草乌乳香没药桂枝煮过擦劲法不误

敵手诀

动手子午进门。随肩眼看人。肩皆闪法对人心。他上救、即随下盘。他下救、即入咽喉。自力大不宜转动。自力小。用酒洒脱离。
动手方见机。用(遵)要借势。趺人敌人猛勇。常带酒解
带法提动。左脚摆动。右肩横跌。猛勇有准。

诀云

搂推出手。接拿押手。抛托去手。捧煞彪手。吞吐伸手。浮沉高低。消洒让手。脱离解手。

民国廿九年六月一日录于东京之下武垂拯

拳术秘集校释

拳术秘集

戴茂林记　戴楙焰〔一〕书

武功秘诀序

余尝观古今人材（才）〔二〕，出类拔萃超群者，使徒有文谋而无武略，亦安能理我圣朝之军务哉？且古有云：揆文者，必兼乎奋武〔三〕。圣门〔四〕子路问：子行三军，则谁与？〔五〕厥后〔六〕三国周瑜、唐秦琼、宋武穆〔七〕及历代诸英，建大业立奇功者，难以枚举。然此诸人，倘无文武兼备，讵能立功

〔一〕此谱中，代茂焰、戴茂焰、戴楙焰应为同一人。

〔二〕材，据文义，应为『才』字之误。

〔三〕揆文奋武，典出尚书·夏书·禹贡，意为施行文教，振奋武事。尚书·夏书·禹贡云：『五百里绥服，三百里揆文教，二百里奋武卫。』

〔四〕圣门，即孔子的门下。

〔五〕该句典出论语·述而。论语·述而云：『子谓颜渊曰：「用之则行，舍之则藏，惟我与尔有是夫！」子路曰：「子行三军，则谁与？」子曰：「暴虎冯河，死而无悔者，吾不与也。必也临事而惧，好谋而成者也。」』

〔六〕厥后，即以后。

〔七〕武穆，岳飞的谥号。

建业耶？

今之人，虽欲炼（练）[一]武功，初入门时，其一要品行端正，其二要气质和平。见小人则勿与交游，见君子则急宜就正。心不宜乱想，口不宜乱言，目不视邪色，耳不听淫声，身莫乱动，足莫乱行，勿谈己之长，勿谤人之短。其人若能以此为戒，又当于每日清晨，早起运气凝神操炼（练）法门，及至功成艺熟时，自能为国建勋，亦奚[二]愁名实不附哉？

诗一首

揆文必兼奋武功，斯言莫当耳边风。
果能炼（练）熟其中艺，定许朝中建巨勋。

时

光绪三十年岁次甲辰秋菊月[三]重九日后学绍先谨识

〔一〕炼，据文义，当作『练』字。后同。
〔二〕亦奚，意为又有什么。
〔三〕农历九月是菊花开放的时期，古人称之为『菊月』。

河象之图，洛书之数

天一生水，地六成之；地二生火，天七成之。〈天〉〔一〕戴九履一，左三右七，二四为肩，六八为足，五［十］〔二〕居中。［天］〔三〕三生木，地八成之；地四生金，天九成之；天五［生土，地十成之］〔四〕。〈央〉〔五〕一六水克二七火，二七火克四九金，四九金〈生土，地十成之〉〔六〕克三八木，三八木克五中土，五中土克一六水。一六为水，居北；二七为火，居南；三八为［木，居东；四九为金，居西；五十为土，

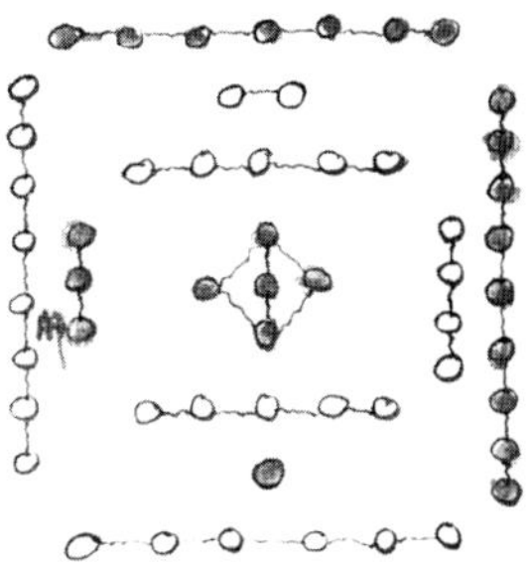

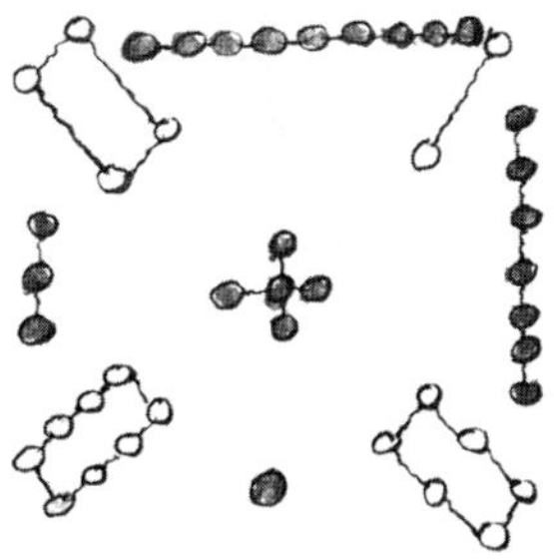

〔一〕天，据九州出版社『（清）文奎堂珍藏善本』河洛理数（后文凡引此书，简称河洛理数，不再注明版本），应为衍文。

〔二〕十，据河洛理数所补。

〔三〕天，据河洛理数所补。

〔四〕『生土，地十成之』，据河洛理数所补。

〔五〕央，据河洛理数，应为衍文。

〔六〕『生土，地十成之』，据河洛理数，应为衍文。

居中央』〔一〕。〈水〉〔二〕此五行相克之序也。

北方水生东方木，东方木生南方火，南方火生中央土，中央土生西方金，西方金生北方水。此五行相生之序也。

先天八卦方位

乾南坤北，离东坎西，兑居东南，震居东北，巽居西南，艮居西北，此所谓先天之学也。

后天八卦方位

帝出乎震，齐乎巽，相见乎离，致役乎坤，说言乎兑，战乎乾，劳乎坎，成言乎艮。

〔一〕『木，居东；四九为金，居西；五十为土，居中央』，据文义，应为因误抄而放置文末，故校释中将其改正。

〔二〕水，据河洛理数，应为衍文。

乾统三男于东北，坤统三女于西南。乾坎艮震为阳，巽离坤兑为阴。

对敌法

功莫忽视，虽三岁孩童动手，亦不可停留待打。最宜手到就打，脚来就招。故曰：容情莫动手。诀云：起手如风过，使敌不及妨（防）〔一〕。动脚如电闪，使敌不及躲。此所谓起手莫待，打便要打。

进步法

进步要紧，不彼则此，我要不避生死。若逡巡畏缩〔二〕，该被敌败。但要六路精通，能解慌忙，方可对敌。又云：锐家人讲得详，遍打江湖也无妨。若是讲不明，心中最缩难胜人。总之，当审敌手空处攻入。诀云：见空当要进，空若不进是痴人。

擒拿法

肘从胁牵，两手无停歇。又云：擒拿推果如风，敌须猛勇，无术可救擒拿。滚肘宜推果，封闭当心，只用尖峰救。塞肘须身法，反身擒拿靠膝先，死中救活，有何道理？身法，擒用推果也。有滚肘入，当心迎风，肩尖须宜早□。擒拿拨脚急推果，塞肘掩心非小可。降他下部攻入来，掩心如神敌跌倒，一分身法十分羸（赢）〔三〕，靠膝肩贵到。

〔一〕妨，据文义，应为『防』字之误。

〔二〕逡巡畏缩，指因为害怕而不敢向前，典出明刘基《黄金策·出行》。其曰：『或鬼持世，乃是逡巡畏缩之象，欲行不行，必怀疑贰。』

〔三〕羸，据文义，当作『赢』字。后同。

封闭法

上为封，下为闭，两手展落，如虎擒羊。务要阳起阴落之掌，随处必封，便敌不及走，大开又在别论。

吞吐法

有吞无吐，头面必露；有吐无吞，手脚无根。人只知有结身之擒拿，而不知有离身之擒拿，较结身为更恶。

浮沉法

有浮无沉，其力不平；有沉无浮，七孔多愁。人只知双手去攻人，而不知只手攻人比双手为更美。

阴阳法

阳生阴杀，理所必然。人之一身，如天地风云雷雨，无所不备，焙门不开，却是蠢然一物。人只知向前追求，不知退后追赶。所以大圣人心法，与六子之变化无异。或前为后，或后为前。手有脚，脚有手；实处虚，虚处实；活活泼泼无所捉模（摸）〔一〕。诀云：一放一勒要果转，连结之中上下空。

总诀云

十字身，两手平，往来阴阳应可成。吞吐浮沉手须明，后紧自然前手然。左右两胁要精神，咬牙闭气君须记，手眼秘诀不传人。

〔一〕模，据文义，应为『摸』字之误。

设教诀

炼（练）步头，六肘好，看迎风，起左右。肩尖宛央（鸳鸯）〔一〕，推直进步。中尖单擒接，慌忙连环手。肩尖紧，以左擒拿妙。十字身，实要横掌阴拳也。莫教浮沉扫英雄，洒下天罗地网，鬼泣神号。

少林寺老秘诀

一人之身体手足，皆有屈伸之节。屈于前者伸之于后，屈于左者伸之于右。使皆屈而无伸，僵人而已，虽用五俸不能为也。诀云：刚在他力后，彼忙我转（静）待，不怕（知拍）任君斗。〔二〕又云：视不能如能，生疏莫临后，举手用攻，遍身俱有力。更有阴阳诀，请君要熟记。大凡动手，他起我可起，他落我可落，俱要随他曲中之步位，妙不可言。赞曰：我傍他，前手直当，后手加力，有押在中。学者到此，一贯万通。矢教师林琰者，具诗曰：壮士执一枪，只用九尺长。日月打一转，即时见阎王。凡动手，须得进煞千万，更要先进而后退，则大胜矣。凡动身，俱用后手功夫。今之欲打人者，只有前手之力，无后手之功。总之不解其中意，功（攻）〔三〕其无备之咎也。

〔一〕宛央，据文义，应为『鸳鸯』之误。后同。

〔二〕此段中的『诀云』等，均出自俞大猷的剑经，然有错讹。如『刚在他力后，彼忙我转待，不怕任君斗』一语，应为『刚在他力前，柔乘他力后；彼忙我静待，知拍任君斗。』（俞大猷：正气堂余集卷四，盘山精舍，一九三四，影印本。）

〔三〕功，古文中通『攻』字。

四常六戒吾师之传

常奉师，常棍御，常精炼（练），常提防。戒谈人高下，戒妄动手脚，戒贪淫美色，戒夜行观戏，戒帮人助力，戒交游奸邪。问何如事？顺人之势，借人之力。曰：明此说者，其中妙诀得矣。盖须知，他去力在何处，我不宜处与斗力。待其旧力略过，新力未出，然后尽虚。即钩刀枪棍，千千万万，往来何俱。

少林秘诀真图

松动北方，势早肩转，犹如过电。虽将身囚，归[一]淹没，结万般形结，用擒拿，双手无穹（穷）[二]变化。

结身顺腰落迎风，于起六肘便成功。回马倒肘要仔细，紧防散漫及成空。

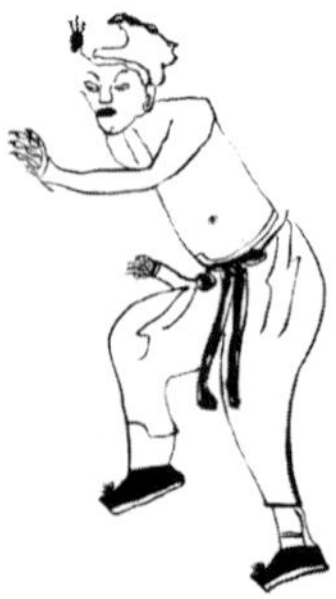

少林秘诀全图

[一] 归，此字难以识别，待考。

[二] 穹，据文义，应为『穷』字之误。

从胁去夗央（鸳鸯），硬仙铁拳棒。若伤心和血，真煞往胸堂（膛）〔一〕。

齐肩出滚肘，顺腰最难当，若能明此诀，敌人把命亡。

兼破断，及似捉吾身为主。总之，肘怕露，膝怕起，心怕乱，眼怕昏。脚是眼，手是睛（睛）〔二〕。

〔一〕堂，据文义，应为『膛』字之误。

〔二〕睛，据文义，应为『睛』字之误。

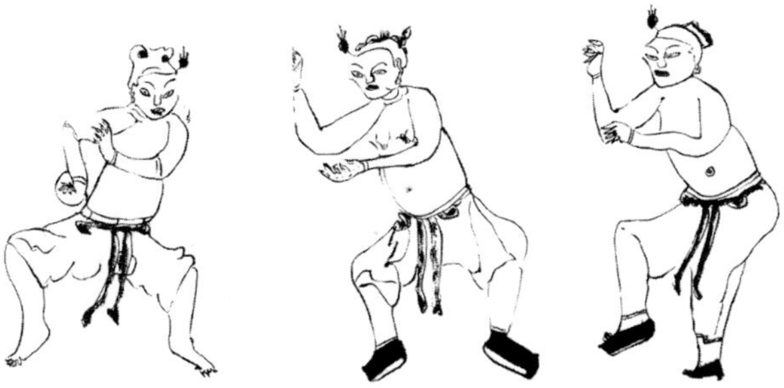

后天论

〔一〕

尝思文治者，不能无武功。盖武功者，文治亦宜兼而用之也。故明于安内，而后可处常；亦收于攘〔二〕外，而后可处变。虽必有事以任之，必当无事之先而操炼（练），则武功以百年而不用，不可一日而不修也。

夫辅国忠臣，取于孝子之门闾。为将者 ，拳棍刀枪，无所不俱。凡为国家出军克敌，弓箭、藤牌，俱从见识计用，亦非徒逞奋勇之猛，全凭略策之机。虽治家如治国，方算为将之勇也。端其根本，不忘其初，为义勇者全矣。拳此者，内外之分势。即夏季之阳，火焰猛烈，拳打足踢，只以直进，不避生死之故。但今观此，见其猛勇而内势之道则不然也。惟操内势之功，尚观成敷之局。而究得失之故，分阴阳向背展（辗）转〔三〕，开合浮沉，必细心参求。即用公子孙轻之反正相生，虚则实，实则虚，虚实皆由心法。机变合，故内势之妙，能治离火猛强。自唐之秦琼、宋之岳飞，曾打内家之功，得其胜。又问其志矣，则内势之勇与外势之猛大相径庭。然即此有文治者，亦兼武功耳。

〔一〕此处只有图，无文字。

〔二〕攘，此字难以识别，待考。

〔三〕展转，据文义，当作『辗转』。后同。

六肘诗叙

断滚倒破殀央（鸳鸯）塞，边风铁扇不离胁。须分身法纳开取，任走江湖路不绝。

敬堂太祖秘语：镜花无处折，水月不须捞。

谦伯公诀：不要愁，不要愁，层低矮一头。辗转寻空进，双手似猿猴。

震伯公诀：日月输（轮）〔一〕流转，对月敌是空。能会其中意，万事尽皆通。

周公秘语：东起西落身贵圆，水火相济要自然。

杨芳桂公语：起落从空煞，心中念八卦。卦通六十四，太极是身法。

断肘法

断手须从串手开，扇尖直进撞胸怀。豚锋踩入寻虚实，转腿迎风铁扇来。

滚肘法

滚从铁扇起，辗转肘当心。身法随上下，轮手便惊人。

倒肘法

铁扇分开劈面来，转身横掌莫徘徊。须知倒肘但六路，牛斗马蹄令人猜。

〔一〕输，据文义，应为『轮』字之误。

夗央（鸳鸯）肘法

夗央（鸳鸯）肘子最难明，全在身法辗转灵。双手恶如猿戏果，结此果时更相亲。

破肘法

破肘不离勾倒用，手开如电最难收。膝锋到处难避躲，吞其身中暗自求。

塞肘歌

六路只从铁扇扬，只因塞肘接慌忙。手法辗转正开敏，肘头到外有阴阳。

阴拳歌

不用铁扇并迎风，一上一下似难攻。若能纯炼（练）真难救，专打阴囊一命终。

阴阳掌歌

此掌不从六路用，下如虎爪上如风。但能打着丹田窍，铁汉难逃此势攻。

开手阴拳歌

此拳无意起，两手平平开。专打喉之上，翻身入覆（复）[一]来。

迎风歌

迎风掌上从空进，一径直前心内敏。六路不离迎风势，铁扇横开好难禁。

[一] 覆，据文义，当作『复』字。

铁扇歌

铁扇横开如电过，肘头辗转最难寻。宛如蛟龙双戏水，从空真上九霄云。

串手歌

串手遇如风，无脚也难攻。凡事识先机，归结要豚锋。

滚身横拿歌

此势六路大不同，阴开阳转掌出空。翻身生跨无拿捉，倒肘勾脚用背锋。

兜央（鸳鸯）推果歌

左右兜央（鸳鸯）从胁出，拍身推果到胸前。此势能接蛮人力，震下肩尖要自然。

中擒歌

掩手须从倒肘头，前平后紧对相抽。离身掌法如狼爪，能擒能纵暗追求。

中勒歌

铁扇直中如过电，消开勒肘撞心窝。足胯横峰身十字，若逢结构矮头陀。

浮沉歌

铁扇横开右脚松，左肩顾身肘子冲。低起身法离地远，擒拿带闭收成功。

离身擒拿诀

串手双标靠膝先，右脚点动左脚拖。须记身法分松紧，离走飞腾不易传。

双肘诀

此时卧倒殁央（鸳鸯）果，人一[illegible][一]教必初学。势同六肘非六路，推果取同身法躲。

单肘诀

单单塞肘接慌忙，铁扇迎风不可当。此势须分阴阳用，说教后学自思量。

翻身滚肘诀

滚肘平平铁扇开，一松一紧任他来。脚下不[illegible][二]推难转，左眼右胯足傍栽。

小封闭诀

双手擒起直冲前，震[illegible][三]犹如牛耕田。肩尖能杀蛮大汉，下闭飘空暗脚尖。

连环手诀

拨手天峰直进中，掌如霹雳肘似弓。两手上下无休歇，左右连环有紧松。

吐擒诀

右脚频开吐友（又）[四]擒，拖同翻手十字形。此势上下分先后，探庄人步更相亲。

〔一〕[illegible]，此字难以识别，待考。
〔二〕[illegible]，此字难以识别，待考。
〔三〕[illegible]，此字难以识别，待考。
〔四〕友，据文义，疑为『又』字之误。

放手歌

此势颀然似吞擒，高低上下有分明。进步直前凭手煞，拍开午字打身腰。

立步诀

移步拍爪如栽根，腿膝胯下别分明。脚尖往外足勾进，任足雄蛮不动身。

推果法

身法转开双手入，犹如猛虎下山崖。阴生阳煞靠膝起，左右身□〔一〕稳步跨。

吞吐诀

有吞无吐难保头，有吐无吞脚下浮。能知上下兼前后，纵大英雄不用愁。

浮沉诀

有浮无沉力不平，有沉无浮势不明。高低前后寻虚实，双手不如只手灵。

阴阳诀

有阴无阳眼□〔二〕花，有阳无阴乱如麻。学者能明阴阳扣，举手寻空总不差。

开合诀

一开一合手松紧，上下相攻要自然。有开无合皆体用，有合无开势不全。

〔一〕□，此字难以识别，待考。

〔二〕□，此字难以识别，待考。

进步诀

进步如射矢，不可等停留。畏缩被敌破，空入攻外谋。

翻峰诀

节峰宜进中翻身，逆转寻空最鲜（显）[一]能。足交缠昭（绕）[二]如地网，全用膝峰虚处攻。

正峰诀

两手平节如上下，外膀脚踩是（势）[三]如狼。此势宜低和占跕，六峰到处是难藏。

肘勾起，松紧滚方，似天罗地网。一冲一撞要谨防，翻身旋转是一场。

外缠昭（绕）诀

左脚点门右脚搔，膝峰坐跨有分毫。单足能降铁汉勇，人离两足必无谋。

内缠昭（绕）诀

左右膝峰似转轮，膝峰已覆势难分。离折只在提防用，勾倒纠缠可降人。

肩尖诀

铁扇横开后串功，搔窥上下步宜冲。膝峰轮转无穷变，峰法有尖意可通。

〔一〕鲜，据文义，应为『显』字之误。

〔二〕昭，据文义，应为『绕』字之误。后同。

〔三〕是，据文义，应为『势』字之误。

笼势诀

上防头峰下防勾，两手折开左右峰。放松收紧宜真诀，身空真桩势坐笼。

车势诀

身法无力骨如棉，气凝贯下到丹田。手变串缴猿猴似，起转落雄难尽传。

破势诀

左搔右落靠膝心，下功勾起要浮沉。足走虚处还寻实，中关马蹄真妙灵。

磨势诀

两手平平要上抽，恍如转磨势难收。足提左右膝峰过，疑是黄龙摆尾游。

大封闭诀

人来水掩且低头，前脚摇开后脚勾。身法背峰横转落，平分两手似飞鹏。

大擒诀

串势横标搔执连，脚宜飘短打丹田。展开身法五峰到，转合阴阳勾倒颠。

辗转诀

展（辗）转全靠脚，身法合阴阳。向背浮沉敏，吞吐暗参详。

拍法诀

起手与众大不同，全靠脚法快如风。此拳独炼（练）五峰去，三样拍法各势功。

回峰诀

势如拍法同，翻身落虚空。敌人离我远，转脚自追峰。

滚法诀

进是虚空转绝踪，只须肘子与膝峰。临场能会缩头法，宛似江河戏水龙。

勾倒诀

勾倒势最妙，机巧、步巧能兼种种好。此个名儿难得晓，最是机巧上下势。得到有味慢慢考，只怕人儿想不早（着）[一]。难得上为勾，下为倒，肘子滚轮仔细考。阳阴开合向背转，吞吐浮沉势更妙。直是枪来横是铲，诸法秘诀休乱道。脚胯勾倒用心讨，收放开合分左右，虚空实坚结难倒。

闲暇论

为学贵纯其功，先人勉后人，以诚炼（练）焉。夫学而不炼（练），即不可以言学也，乃师勉人以诚炼(练)焉，人可不自误乎?且天下有一事焉，为古今所不能外，圣贤所不能殊，诚莫如学武功者哉!

夫学武功者，要必平心静意而诚炼（练）也。然学之妙，在入门之初，虽六路三肘之势，不外乎迎风铁扇之根本耳。试思三十六肘，由此而出。然而以下六路之势，则不然。盖下六路之名，有肩尖、大封闭，有吐擒、大入门。又知大擒势，犹如入门金锁之阵法，而翻峰不外肘头。疑有来者擒我手，

[一] 早，据文义，疑为『着』字之误。

而须根其势，抢入用辗转肘头，五峰俱到。离远即用翻身，逆转务宜足提。动则勾倒，须分上下，肘头划枪，脚峰内外盘，如辗转纠缠。切记要纯练，细细详明。须会悟滚法，无拿足，此谓别名。无极而生太极，又当一说耳。凡讲太极，务择仁义之人以传之。势云：上朝天，下朝地。曰天地者，此名愈切耳。

盖炼（练）此，以手肘包头里（裹）〔一〕身，展落膝峰，栽入身法轮转。以阴阳两手，肘勾从地头串起，划〔二〕枪从阳横开，肘勾辗转；以阴阳两手，肘勾从地以蛮头串起，划枪从阳横开。对勾宛转以阴逆合，倒下滚入左右膝峰，向背一震，犹如山崩石裂。翻身一转，其势之变化莫测，此可云相天旺地之像也。又曰：太极图取太极生两仪之义，另有势之妙诀。两仪者，生勾倒也。若进入桩步，务要审顾左右，勾倒直进。左手勾下，右手挑起，手法变转如轮。须宜划枪倒，莫不轻传膝峰纠缠矣。分内外翻身，逆势反滚低拖。诀云：左右无别论，高低不可紊〔三〕；上下勾倒熟，能降猛力人。此所谓『双勾倒』也。若两仪所生四象，如大封闭之意，而断与外势之不同。但于手以左肘包头，右脚点门枪，枪过虚处，务宜短入。而左脚膝峰撞入，用外缠昭（绕）身法抽松，以右四指硬直标，从咽喉、七孔，如是仍转右手标入矣。仍连环枪炮，而能追远伏近也。即云交（蛟）〔四〕龙戏水，其孰能降？行上洗脚之人，

〔一〕里，据文义，应为『裹』字之误。
〔二〕划，据文义，意为铲。
〔三〕紊，此字难以识别，待考。
〔四〕交，据文义，疑为『蛟』字之误。

转取人之咽喉、七孔以先也。标松之强也，故蛟龙戏［水］〔一〕之名。若四象云标法耳，而四象之生八卦，其势大具，其用正广。即千变万化之机，运动气血周流之诀。若细悟其势，则妙不可言矣。大凡开手，则先后四象。起肘里头，照法转落，以逆生胯，倒向背峰，翻入名乎。勾倒反起，右脚提动，而左手用标放。即勾转全身，破肘展落，铁扇迎风，抢起掩回，膝峰撞进，两手如入无人之境。相有松处，用身法一落，双手从地横接五峰。要到独肘峰，长吐展进，惊天动地之猛烈矣。此势划枪俱标，放罗网亦在其中。识者能知变化，用为此势，多难炼（练）者，皆知八卦难矣。则所谓乾坎艮震，四卦属阳；巽离坤兑，四卦属阴。务悟阴阳，皆为向背之本。寻空虚结，为旋转之根。又谓乾卦属金，故曰乾为天。经云：讲易见天心，人能合手，天心则我之一心，如天一生水之义，故水流而不息也。而又谓天开东也，即按乾卦宫位。而伏羲画卦，以坎卦起。坎居北宫，所谓北方壬癸水，故曰：坎属水。论此势，多以坎卦起，用坤卦收。坤者，地也。所谓乾属金，金生水，而坎属水故耳。邵康节先生分坎序曰：乾一兑二离三震四巽五坎六艮七坤八，若于卦之变化，通打之势，至此熟为尽传功，而不可尽教，尽教则必终身。诗云：辗落横节上，连环箍锁开。闪电从天降，霹雳任他来。远离脚对踩，迎接五峰栽。天罗为敏绝，地网迎徘徊。此八卦勾肘，细心会悟，即在八卦中之机变也。雷电闪光，天动地震之语，非偶然哉！

参透玄机妙悟天，谁知相受却无缘。吾今且把珠玑吐，仍旧归山抱虎眠。

〔一〕水，据文义所补。

伍氏拳势：

颜氏拳势：

岳武帝拳势【右劈掌】：

李氏拳势：

赵太祖洪拳势：

岳氏秘传：

秦氏拳势：

伍氏长手拳势：

樊氏单灵势【梨花】：

岳家八法：

管氏金鸡独立势：

蒋氏骑马吞桩势：

岳氏拳势抛托：

岳氏拳势：

岳氏捕拳势【双推掌】：

岳氏捕拳势【左劈掌】：

岳氏残摧势【劈面掌】：

伍氏虎拳势：

接法：

双峰：

勾倒势：

滚法：

翻峰：

［勾倒势］〔一〕其二：

〔一〕勾倒势，据文义所补。后同。

「勾倒势」其三：

天：

人：

「勾倒势」其四：

地：

和：

坎：

乾：

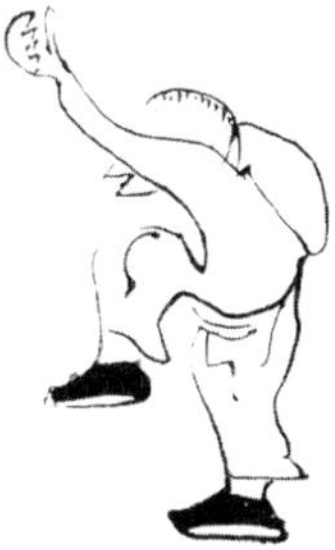

巽：

离：

艮：

震：

坤：

兑：

此手精奇，弱（若）〔一〕人须知其中妙趣，潇洒自逸，按上接下。坚志学习，功炼（练）能成，大有进益。八卦推演，手举曲直，向中子午，逐字八折。残推援夺，牵捺逼吸，手中八字，步随向移。抛托插煞，残粘顺疾，随手所化，切勿努力。吞吐粘取，循环莫离，逼捺存心，时刻莫遗。逆来顺往，取虚分实，手粘其身，疾推莫迟。任被（彼）〔二〕千变，我心归一，上中宜敬，下步当曲。彼来虽猛，吾手粘吸，以柔克刚，以疾克迟。任彼闭挪，彼劳我逸，以长制短，以直取曲。力尽千斤，须细分敌，去无形迹，进生退死，切勿畏惧。勤演习炼（练），获身自逸，不害吾身，何妨两释。功能有成，本手须识，字字循环。一能一逸，纵我虽成，尚观虚实。彼来势虚，我占极实，以实取虚，以虚取实。勿遗吾杖（叙）〔三〕，冀谓不奇，弱人文士，皆可为之。奸匪莫传，切记其宜。

八法解注

残者，软也。如人足有残疾，毫无气力。二比相斗，不用极硬，何也？因硬不能活变，软则能变，故取之。

推法。推者，吐也。手法向前，推人跌也。不推，岂有自跌之理乎？

〔一〕弱，据文义，疑为『若』字之误。
〔二〕被，据文义，疑为『彼』字之误。
〔三〕杖，据文义，应为『叙』字之误。

援法。援者，救也。彼肘、肉（内）[一]关，同鼻、心、腹等紧要之处，若手直不回救，则被中伤矣。

夺法。夺者，抢也。彼取我外关、耳、项、腰、胁、腿、足等处，我即回势以抢之。

牵法。牵者，顺也。来势猛勇，力不能敌。不当与他斗，我最宜顺势以牵之。

捺法。捺者，按也。彼往上或抛托者，若轻按而彼分推，则手浮飘矣。

逼法。逼者，阻也。近挠其身，倘彼真有力量破，逼救无能用，则阻之。

吸法。吸者，吞也。彼或打我手，若硬斗，手必被伤。我即软吸，以消其力，则我手自不疼矣。

来去手先立法诀

不丁不八，立步，左膝略塆（弯）[二]，身势在后，右步活便自然。

出手立步法【用夺】

我手方将出，彼即取外关，急回身势夺，分推步向前。

顺其力法【用牵】

出手内中取，任彼内外充，借势足带用，用顺与牵同。

〔一〕肉，据文义，应为『内』字之误。

〔二〕塆，据文义，应为『弯』字之误。后同。

阻其猛势【用逼】

彼将起猛势，急宜逼向前，滞达具武艺，且又站自然。

手不受伤法【用吸】

尽力打我手，硬斗岂可当，吞吐消其力，无得能粘伤。

先立法

左膝略塆（弯）右膝松，双眼切紧视其胸。浑身莫用丝毫力，去手寻方步依从。两足并立，左膝略塆（弯），身势悬后，右力自活，倒身立步，活便自然。

十二秘诀

先立法〈生产〉[一]

手去残粘法

侧身去乎步轻移，端向犹如是坎离，任尔凶来莫畏怕，只将残软近粘渠[二]。

通手皆不可用力，软手向前粘人也。或粘其身，或着其手，皆是粘着也。即在其处，用后推法推之。

[一] 生产，据文义，应为衍文。

[二] 渠，为第三人称代词，如孔雀东南飞有『渠会永无缘』之语。

举手残粘功最奇。残粘，疾吐勿推逼消，肩直，腕身宜曲，步法须从向手移。

先软粘其身，粘处即起推，须肩并、直腕、曲身、步同移，俱要一齐，发一处不可通。残粘援夺，牵捺逼吸，一手炼（练）熟，各宜所用。

八法贯通图

去手残粘推，即直内援外夺，随向敌牵，顺其力捺粘取。逼破凶狼吸消力。此手每出用残推，推人无论前后、内外、上下，粘即推之。然前消肩腕向身，步前。

擒拿解诀法

出手每用残粘，人须知防内外双单擒。用援外边兼内夺，分开解脱。各依门外边单擒，或左右步，开虎口左右寻。彼若两手齐拿，紧分取一手，莫粘身。彼若右手来相接对锁，疾推去无形，名拿转捺。出虎口追步急推，莫留停。若是双拿，仍取一两手，自开疼不轻。擒拿法最难尽载，此皆可以触类寻。

解外左单擒式

肘略曲，手略软，捺定虎口。进步推，去其手，解而自跌也。

解外右单擒图

手捺略曲，手实捺定渠手。软对头进步，推吐自然而跌。

解外双擒式

外双擒者，身劳全往外一推，略曲手腕，手实捺定推双头。推去，随向步前，双手自解而跌。

解内双擒式

注意：内双擒者，身劳仝（同）〔一〕手往下沉，吞曲手腕手颈，即取渠手颈捺之。肘实取向推去，双手自开而跌也。

解内左单擒式

肘沉略下取，曲手腕手颈，取渠手颈捺定，对颈推出，其手自开而跌也。

〔一〕仝，据文义，当作『同』字。后同。

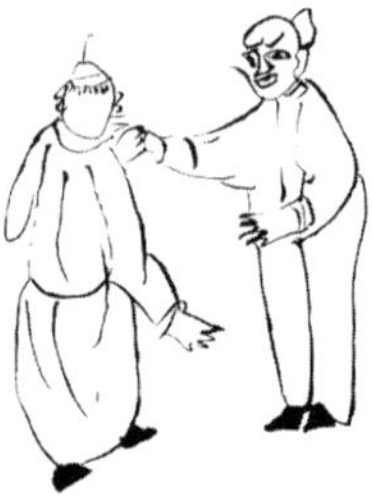

解内右单擒式

手颈略起，手肘略沉，捺定虎口，进步急推，自然手开而跌也。

此图录，而不用变动止杂，难以尽记。只用上十二方向，方方取用，备详下卷。

去手总诀

手从体边起，肩往下沉。手头轻起，对胸去手。他变我跟，侧身步轻移。侧身出步，轻轻着地，不可踏实，实双变移。藏势湾（弯）[一]左膝，左膝略湾（弯），实在后左右手去，步活更自然，残软近粘渠。但凡去手，要软如绵。任彼先来，轻轻急粘。残粘，即推吐。残粘着，即忙推吐。粘处先

[一] 湾，据文义，当作『弯』字。后同。

发，互腕消肩，粘消肩，不可迟。发起推直腕。消肩，盖身进步，切莫迟延。回来援回救，彼取我内，回手救之，步对渠当方向，自然被取。外关夺相随，彼擒我，外回势夺之。手足同进，分推向前。来势猛势，顺牵可用力，尽力向前，顺渠力。随向前可牵擒拿。擒拦捺正，宜手栏（拦）[一]。彼拨开，轻捺按，取分推步，向前抢起，逼彼猛勇势。凶势粘逼，向前滞死。渠力阻其活便，被拦截吞，吸力可奇。彼起将手靠，即吸毫忽不疼。

空炼（练）全诀

每空炼（练），必要沉肩，磨去肩力。出手略曲，推肘即直。将肩放松，手去自长。

每空炼（练），必要手足身势，一同而去，勿许先后。

每空炼（练），必要想其对心打来，须让开其拳，手足仝（同）进，对向推之。

每空炼（练），必要残软相粘，方粘疾忙推吐。

每空炼（练），必要手头起推，消肩直腕，盖身进步。

每空炼（练），必要想渠内来，即用援夺，粘而分推【外来即用】。

每空炼（练），必要按上中下三部，高低进取。

每空炼（练），必要想其方向，或前或后，或左或右，皆可进取。

[一] 栏，据文义，应为『拦』字之误。

每空炼（练），必要膝曲、脚直、头正，下部不可湾（弯），膝提高。

每空炼（练），必要提防，我手推肘【彼即变化】，按步变化，随其变化而吸取之。

每空炼（练），必要手足身势直快，疾如风。身轻脚便，无令滞阻。

每空炼（练），必要想彼来如猛虎之势，我急逼其势而轻粘之。

每空炼（练），必要想外左单擒、右单擒、双手擒，各分法取之。

每空炼（练），必要内右单擒、左单擒、双手擒，各分法取之。

每空炼（练），必要想周身上下，周围人不可粘，粘即对而推之。

每空炼（练），必要其尽力，连身向前打来，借其凶势牵之。

每空炼（练），必要想渠或拦开我手，或拨或抬，须轻捺定分取推之。

每空炼（练），必要想渠或按或吸，或截或剪，欲断我手，待将近而吸之。

每空炼（练），必要想我手被渠砍落，仍在粘处〔一〕，仍取进步推之。

以上诸款俱要紧，不可少一。学者须知坚心炼（练）习至纯熟时，自然出手无失矣。

〔一〕仍在粘处，在原谱中被划去，旁有小字难以识别，待考。

方向十二盘变动一百四十四向

立子对午【内援外夺】取【巳卯辰，未酉申】三方【寅方顺，丑方牵；戍（戌）〔一〕方顺，亥方牵】。

立午对子【内援外夺】取【亥酉戍（戌），丑卯寅】三方【申方顺，未方牵；辰方顺，巳方牵】。

立卯对酉【内援外夺】取【申午未，戍（戌）子亥】三方【巳方顺，辰方牵；丑方顺，寅方牵】。

立酉对卯【内援外夺】取【寅子丑，辰午巳】三方【亥方顺，戍（戌）方牵；未方顺，申方牵】。

立寅对申【内援外夺】取【未巳午，卯巳辰】三方【辰方顺，卯方牵；午方顺，未方牵】。

立申对寅【内援外夺】取【丑亥子，卯巳辰】三方【戍（戌）方顺，酉方牵；午方顺，未方牵】。

立巳对亥【内援外夺】取【辰寅卯，午申未】三方【丑方顺，丑方牵；酉方顺，戍（戌）方牵】。

立亥对巳【内援外夺】取【申未酉，亥丑子】三方【午方顺，巳方牵；辰方顺，酉方牵】。

立辰对戍（戌）【内援外夺】取【卯丑寅，申戍（戌）酉】三方【子方顺，亥方牵；亥方顺，子方牵】。

立戍（戌）对辰【内援外夺】取【午辰巳，申戍（戌）酉】三方【卯方顺，寅方牵；亥方顺，亥方牵】。

立丑对未【内援外夺】取【子亥寅，寅辰卯】三方【酉方顺，申方牵；巳方顺，午方牵】。

立未对丑【内援外夺】取【子亥戍（戌），寅辰卯】三方【酉方顺，申方牵；巳方顺，午方牵】。

以上一百四十四向，熟记斯可用之。如一方不熟，即不能跌人倒矣。但方多难以尽记，欲求问炼（练），

〔一〕戍，据文义，应为『戌』字之误。后同。

非口传心授，断断不能跌人也。

方向全图

子午卯酉，寅申巳亥，辰戍（戌）丑未十二方，独要立子方。总以左脚所立之方为主。如十一方，任彼那（哪）[一]方打来，即以右手回还，往渠手推之。

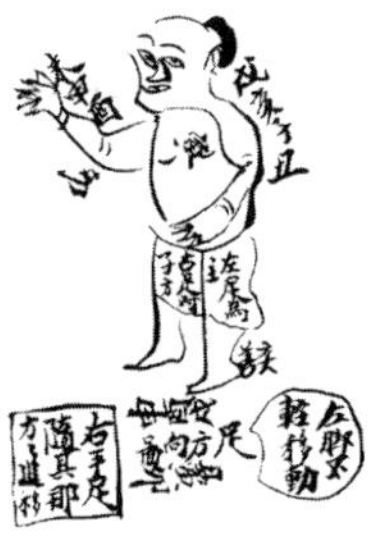

手足方向图

若先取定方向，易推吐。最难我手直去，被渠内逼，手实直而能推用法。譬如手实对午，彼闪身，在卯手逼我手，当在粘处，对卯方推之。又，手头对渠闪在子，侧身子逼，我手当对子方推之。手虽取横，而内仍消肩直推也，人皆如此做推之。虽知八字并方向，然推法必要炼（练）至极熟。软手残粘二处，急推消肩，直腕曲身进步，五处一齐发用。倘一处迟延，难以跌人。

分法

彼手打来，落下之处定然是实。在靠去离一分之地，对向吐之，无不去者。譬如我手直去往关，以彼来我手相靠之处，自然是实。倘在靠处外，渠离一分之地，分而取之。

〔一〕那，据文义，当作『哪』字。

彼在手

别处欲依此做之，外关破。

此手，残粘推吐为主。然推法一时鸡（难）[一]就，身手跟足手节之处，有曲直消中，近移虚实，奇如之法破，尽载手图。坚心演炼（练）纯熟，推时各处一齐仝（同）用为妙。

若先是处定方向，推吐残易。最难者，我手直去，被其闪过，手头直不能推，用横取法。譬如手头对午，彼侧身，起手在卯，手当在粘处，对卯方推之。右手推面，彼侧身，起手在子，手闪逼，我当在子推之。手虽拨发而内乃消肩，其推也。余皆仿此，推知八字方向。然推法要炼（练）至纯熟，软手残粘，粘去即推。消肩、直腕、曲身、进步，五处齐发，而一处迟延不至，则难矣（以）[二]进跌人也。

出手立桩方向图

左足跟行十二方，右手左脚随其那（挪）[一]方，方方可以进取。

〔一〕鸡，据文义，应为『难』字之误。

〔二〕矣，据文义，应为『以』字之误。

千金诀

千金一诀，炼（练）熟各节。推吐齐应，妙难尽说。外借彼力，须向内取。内借己力，各节应推。内援在腰，分转分夺。右腰外转，手脚自活。步有四法，直去横移。但凡进步，右腿略沉，左足自起，活便而行。手落自推，步亦直行。内援外夺，左右分旋。左膊右转，脚随手向，往外横移。右膊内转，随手向往内横移。远者，须用大划进逼。近者，无容进步。推吐，肘对向脚，略移动以便手法。

虚粘肘实推，则虚粘则虚，实推则实，随手进。尽将推法载图中，学者须当细用功，炼（练）熟通身骨节巧，吐时齐用妙无穷。

千金推

一诀炼（练）熟各节推吐齐，妙用难说。外借彼力，须向取处；内借己力，各节应推。援在腰外转，手步自活；夺在肘外转，手步自活。

步有四法，直去横躲（移）〔一〕，大进略移。

凡进步，左腿略沉则右足自起，活便而行。手若直推，进步亦行。

内援须将左腰外转，脚须往内，横行移外。横须将右腰外转，脚亦随手向外，

脚步图

手略直去步随移，两边横足端周围。远宜失步忙攻进，近逼对方略动移。

〔一〕躲，据上文，疑为『移』字之误。

往外横移。远者，须大进步逼推；近者，无容进步。推吐时，向脚略移动，以便手推也。

大血十二时口诀

子时，血气正朝心，人睡犹如去归阴。丑时，肺乃相传之宫府，却以行诸脏之气精。寅时，天心穴〔一〕在正缝中，只怕破头伤了风。若是伤风心寒了，纵有妙药难成功。天顶血（穴）〔二〕在办当中，受伤不宜饮食。攻血〔三〕似长丝，如射箭，心惊肉跳要送终。血海轮流在卯时，只怕此刻破了皮。人是昏迷血似箭，烧红金银即可医。井泉穴〔四〕在耳之中，辰时受伤七孔通，鼻流鲜血牙关闭，任是妙药也送终。巳时，井兰血（穴）〔五〕上气即栏，标手打得咽喉番（翻）〔六〕，手重妙药也难救，手轻医用回生丹。血脉流通是午时，不宜掌上破了皮。人是昏迷血似箭，血似莲花不可医。未时血海在膝臁〔七〕，内有缠空六空连，此时若是伤了他，纵有妙药也枉然。申时血海在尾通，二十四节气能通，受伤两腿俱难坐，通气下血名标中。酉时血海在痛重，涌上血箭不知痛。回去急把药来救，

〔一〕天心穴，穴位名称，位于手掌部。
〔二〕血，据文义，应为『穴』字之误。后同。天顶穴，穴位『天鼎』别名，位于颈外侧部。
〔三〕攻血，据文义，似指血脉通顺之意。
〔四〕井泉穴，疑为穴位名称，待考。
〔五〕井兰穴，疑为穴位名称，待考。
〔六〕番，据文义，当作『翻』字。
〔七〕臁，指小腿的两侧。

只要金银烧得红。铜[illegible]（壶）〔一〕滴漏在戌（戌）时，犹如麻症小肠经。受伤不宜先服药，烧红早谷暖小阴。亥时，涌泉穴上辟如麻，受伤之人面带黄，踏行一步也难走。十二时中用妙方，教演跌打，秘传秘诀。

四川华阳县林山梁山仙竹园

袖珍十八法，秘诀少人知。太极身安位，阴阳变化机。全凭真子午，辨别实兼飞。浮沉与吞吐，圆滚要随心。寻推共纠落，进退分闭封。粘靠并插板，拨扑两离分。援引抛托用，招拦消纳备。擒拿真口诀，妙法少人知。

太极一身由，太极两足立根基。澜狭因长短，如山不可移。阴阳全躯三转折，上下分阴阳。动静瞻前后，砥柱铁石桩。

子午

如何是子午？头面对针峰，两肩并两膝，上下总相同。

浮沉

浮如云出岫，沉似石投江，左右常关顾 ，坐膝把阴藏。

〔一〕[illegible]，此字难以识别，据文义，疑为『壶』字。

吞吐

吞身如鹤缩，吐手若蛇奔，鼓（横）〔一〕撞随风入，轻重左右分。

圆滚

去手刚柔济，摇铃肘脉圆，粘衣如滚浪，贴肉要生根。

抖落

抖擎如举鼎，托抢意自然，敌势将身闪，落掌着中偏。

寻推

寻风挨手进，筋脉要坚强，真欲将柔制，推揖（摄）〔二〕必须防。

进退

欲知进与退，退败进多生，进可退三蹑，退一不能移。

封闭

闭户牢关锁，双封势不移，机关将动处，去手似春雷。

粘靠

去手防牵制，翻腾切莫迟，粘身即时落，靠吸在挪移。

〔一〕鼓，据文义，应为『横』字之误。

〔二〕揖，据文义，当作『摄』字。

插板

插去势如枪，抛托切莫防，挨身牢立步，板靠莫离桩。

扑拨

扑手势如虎，迎风直入空，双手是剖腹，扑拨要松桩。

拨撒

扑撒看偏正，开门任意行，上中下三部，手到要分明。

援引

敌手如枪入，左引右招拦，跟踪防偏手，反掌照面还。

抛托

此法两家同，生桩不可松，最嫌肩着力，扭搭番成功。

擒拿

擒拿须诀冗，骸骨即酸麻，其中真妙诀，等闲莫乱传。

抬拦

抬拦手莫低，任来随向敌，他若撞勇力，自缩消纳备。

妙诀

先天与后天，相运成自然。气海盂（与）〔一〕血海，是曰先后天。擒拿斗子午，推插不论偏。圆滚随机应，拦拨即是鞭。左右须定向，借应要到缠。嵌冗牵持，手将一去，如箭上弓弦。双手看之定，抛托风卷帘。吞吐要具动，浮沉点胸前。脯腹宜献爪，标动似云连。跌漏宜上步，震送低禁肩。封闭凭虚跷，引势防侧边。若传玄关内，他口血流涎。依度行此法，人死限半年。妙药三七治，方可挽身坚。秘诀皆已尽，劝君莫乱传。

解秘诀注释

先天与后天，气海与血海，皆系内〔二〕内口诀。是先天如吸后天之气以存，又将血海以存气海，此乃四气合一气之妙诀也。擒拿斗，子午相斗，四气之力以定。从他虚处擒拿推拔〔三〕，不论偏势之虚处而推拔之。圆滚随机，应是以己之手，听他手势，是上下四肢、手足都要斗子午。是以己借应要纠缠，是以己之手进退，必须关照。彼虽刚勇，力是他之手势，以相应交纳。嵌穴牵，是落虚处持将手一去。凡去一手，四气之力紧精而贯，如箭上弓弦，是手中之推往来。双手齐去，定是手之当中以

〔一〕盂，据文义，应为『与』字之误。
〔二〕内，此字难以识别，待考。
〔三〕拔，此字难以识别，待考。后同。

照应。下抛托风卷帘，是他之气力刚定，将柔以消刚，如柔风之卷帘。吞吐要莫动，是一吞一吐，腰切不可偏动也。浮沉照胸前，乃将血气之力聚积于胸。一浮沉，为有自己知觉。脯腹宜状不〔一〕，是周身端正，四气之力积于临门时，吸玄关出手，都是此力。如云出岫，牵连不绝。滴漏当正步，是一手出来，贯里四气，以运四肢。震送禁低肩，是手入人胸膛而肩不可低，由四气而入手也。封闭凭虚跷，是封闭之中手宜虚软，即刚而取柔也。引势防侧边，是以力运于手，贯积之胸，以防两边之来。若玄关之内，是玄关穴〔二〕内，不可乱传也。他口血流涎，是气由玄关而入，此元（玄）〔三〕得传。故云，依度行此法，先知三时辰。接而死也，妙药三七之内治方保〔四〕。更可有药治，方可挽。身坚是接度。佷〔五〕此伤，三七得药治，一身永无损伤。秘诀此已，尽可必隐口诀于此，尽载于书，常人莫乱传也。

岳武穆教演八字法

岳武穆教演八字，施行于世，大有妙用。其功不可一例同观，奸强曲非，切莫妄传。文人弱士，方可秘授。故道有君子小人之分，传有吉凶邪正之变。是君子可传，小人不可传，何也？传之君子，

〔一〕状不，此二字难以识别，待考。
〔二〕玄关穴，疑为穴位名称，待考。
〔三〕元，据文义，当作『玄』字。清代因避康熙玄烨讳，改『玄』作『元』。
〔四〕保，此字难以识别，待考。
〔五〕佷，此字难以识别，待考。

不过护身防己而已；传之小人，即虎添翼，必要害人不浅矣。

岳武穆分曰

入吾门者，非世俗小人之比〔一〕也。能以艺为贵，不以艺为能。又曰：以量为能者，其人为吾所欣羡也。夫后之学者，由吾而效之，斯其有可保矣。吾尝见世之人多有不明者，恃少年豪气，胸襟高傲，眼中无人，惟知有己，不知有人，妒嫉之心生于平日。殊不知结怨日深，构祸于萧墙，身之所以败也。是故君子养心，故求人之恕，要先己能恕人也。求人之量，要先己有其量也。

或问曰：恕亦可学乎？公曰：人生之初，其性相近，其习相远也。此吾幼时犯乱未常有也。先生曰：穷理则明，明则宽，宽则仁矣。不可便动声色，一豪之拂，即勃然变于色而无推己之功。一时之进，即愤然发于声而无涵养之功，亦安能谓之量？且恕乎，若遵理循法，屈己让人，安静守分，使人称为端正。士其量恕不已，至乎生徒，为吾八字法者，得预备不虞之理也。即后之学者，亦可忽乎哉。

援引，救也。捺重，接也，夺抢也，残摽也，推摽也，牵顺也，逼拦也，吸缩也，擒掷也。插摩，宜急上也。

此诀精奇，不必猛力，文人弱士，学之最易。总究其理，归十八字。按上、中、下、左、右进退，本手进步，切勿劳力。步按子午，后曲前直，残推援夺，牵、逼、吸、抛、托、擦、撒，随手顺意，逼搭随转。借彼气力，手到他胸，急推莫迟。任尔千变，我心归一。彼来虽猛，圈插敌奇，擒掇不斗，

〔一〕比，有靠近、比较之意。

粘跌更奇妙。以柔克刚，以速克迟，任彼擒挪（拿）〔一〕。彼劳我逸，随向进步，何劳气力？勤演勤炼（练），护身有益，其中妙趣，潇洒托离。入门手法，手要紧直，子午定向，看势分折（析）〔二〕。上中宜紧，下步宜曲，勿轻敌势，吞吐便取，逼吸存心，时刻勿离。他来虽莽，我手宜紧，力来千斤，一搭分敌。来有踪影，去无踪迹，不害吾身，何防（妨）〔三〕两释。字字循环，以能克敌。以我兴哉，尚观虚实，彼来七虚，我占七实。若□〔四〕吾授，莫不生奇。谨防失散，方后恒迟。

炼（练）残字手法

此手变法多端。起手，周身俱要软和，不可相斗时先用力，则难动。变起眼紧，认真胸心，莫发，发则怕，怕则有误。眨眼起手，以二指为主，似射心箭，不可虚发，左右要雇（顾）〔五〕。自身桩带『遍、吸』二字，脚膝要知和软。心发变，胆放大，发去无差误。残字之势，变化俱大，宜用推以残字。

〔一〕挪，据文义，应为『拿』字之误。
〔二〕折，据文义，应为『析』字之误。
〔三〕防，据文义，应为『妨』字之误。
〔四〕□，此字难以识别，待考。
〔五〕雇，据文义，当作『顾』字。后同。

七虚七实法

动则虚，变则虚，劳则虚，曲则虚，短则虚，刚则虚，退则虚。静则实，逸则实，直则实，正则实，长则实，柔则实，进则实。虚实之道既明，须按其法之中，自宜日演时、炼（练）熟时，贯通以会其意，方为有德之士也。

脚立桩法

后脚略紧前脚松，不丁不八是真宗。进步炼（练）熟立桩稳，双眸紧紧视其胸。举手去残休要怕，手既沾身步亦从。去手沾身随用力，相粘即推可抢攻。去手即软肩用力，轻粘随手任西东。左右相帮要吸逼，谨防失放彼来凶。身居端正勿勉强，脚要遐分桩要稳。左右相帮仝（同）佐助，眼观其胸真转移。去手紧即残采取，继以推字乘虚进。暗藏紧疾总为推，心中运用随机变。此法学者当自知。

初去手法

去手原来在腿边，意随周身要软绵。两眼观胸休泄漏，闲[一]时莫用力当先。心防变来胆要大，腰要逼吸左雇（顾）肩。双手如箭胸前去，残变撞分探实虚。防尤防猛撞，变残相取疾劲粘。连吸全凭小掌帮，

〔一〕闲，此字难以识别，待考。

一点最点即推须。紧（谨）〔一〕记变化，不从此手传。若彼拦截砍手者，双盖粘风生时光，并用双单擒拿法。手落之时不用争，不能进取即变援。知他起手防他变，心眼对胸用小掌。动则转手一小掌。总之推撞要逼吸，炼（练）熟精通成自然。

炼（练）习手法

去手残推紧即随，逼捺三分借彼力。抛托拨措随变化，援夺学者紧急围。吸能推即他来者，吞吐粘搭立功奇。余功好用援文士，须去潇洒与晓离。功炼（练）既成尚有技，教尔勤习须演（慎）〔二〕记。狮子抖毛鹏展翼，糊（蝴）〔三〕蝶扑跌牛耕地。辕门左右亲身紧，翻腾舒展膝落势。手似猿猴脚似狝（猕）〔四〕，任彼刚强何足畏。来手出时无定踪，肩随手出对其胸。步正速提往前进，右左炼（练）熟自同功。双眸对胸无泄漏，顾盼随机应变通。身法端正勿勉强，规模体势要圆融。四肢筋劲宜沉紧，去手立步要相同。接（捷）〔五〕足当先无畏惧，迂滞行来不见功。立定脚跟为准则，左右上下观顾良。任彼闪躲随手变，虚中寻实在权量。逼残同去无过顺，手中得法异当流。残中变插随手法，插中变残

〔一〕紧，据文义，疑为『谨』字之误。

〔二〕演，据文义，疑为『慎』字之误。

〔三〕糊，据文义，应为『蝴』字之误。

〔四〕狝，据文义，当作『猕』字。后同。

〔五〕接，古文中通『捷』字。

不慌忙。字字循环须实接，上中下部要推详。辛勤习时方为贵，熟炼（练）此技就能当。照摸打下无差误，好诀应该手无伤。性静㤶（情）〔一〕逸，目精神忙，意吸身正，貌柔心刚。拨撒疾推，功成无敌子午定。问步莫乱移，内实𥸤〔二〕强，外似安逸，脚手从进，粘气随之，按上中下坚以习之。上中宜紧，下步宜曲。避渠猛勇，吾手紧气，进生退死，功勿惧畏。手到胸膛，以搭紧敌。后其所法，先之以至。任彼千变，我心归一。总究其理，应手随机。勿矜勿狂，勿疏勿遗。夺之如虎，易之如妇。紧求拿力，接若兔腾。任彼闪躲，彼劳我逸。力来千斤，三分借力。来有踪影，去无形迹。八门演法，去手紧疾。残推援夺，拨措搭𢶍〔三〕；抛托圈撩，吞吐逼吸。牵带粘贴，字字存心。一心不精，未可内成，紧劲顺疾，勿轻势力。以长迎接，以曲取直，以静待动，以逸待劳。逆来顺取，偏来值（直）〔四〕应，来之以虚，去之以实。作定主意，勤演时习。奸强莫教，文人可习。其中妙趣，〈仸〉〔五〕巧夺天功（工）〔六〕。

〔一〕㤶，此字难以识别，据文义，疑为『情』字。
〔二〕𥸤，此字难以识别，待考。
〔三〕𢶍，此字难以识别，待考。
〔四〕值，据文义，当作『直』字。
〔五〕仸，此字难以识别，待考。据前后文义，或为衍文。
〔六〕功，据文义，应为『工』字。

残字总论法

残为起手第一先，虚实之中见技能。虚时用手推时去，贴藏紧疾顺而牵。欲其去之能得，原在小掌一点存。倘若推之手失落，援救推之便得宜。援为披拦截砍来，双单擒拿左右抛。□□〔一〕纠时势盛猛，盘肩□〔二〕手捺搭推。救为急，随其面取，上步猛力方可援。左要封他起手变，心归一点小掌中。

论变法

夺其力变以援，内门被破，至胸前截砍。双单擒拿手，肩转捺措也。平平□〔三〕，带上部，勇难胜。去手带他不立定，牵随顺带左右帮。立桩立稳要紧吸，圈顺发手变有固。粘同坐时身如进，势甚凶猛去手难。顺势一点如神吸，吸逼时时想在心。擒拿接住胸胁侵，相处下部势为急。须用援救熟炼（练）精，擓搚〔四〕圈上猛勇进。难求彼手拨与斗，不惊身脚随手粘。势不凶先分虎口，进步逼撒即推逼。托吾手在胸胁下，进步逼撒即推之。托吾手在伊项上，急逼撒去疾推还。更有相逸阴阳手，带牵随去气可为。托身帮手俱可离，奇功取彼在闭封。借彼气力取其虚，急撒紧推无不以插为先。来势甚凶，牵手不能

〔一〕□□，此二字难以识别，待考。
〔二〕□，此字难以识别，待考。
〔三〕□，此字难以识别，待考。
〔四〕搚，有摧折之意。

进取中，吾手落时粘贴上。要知变插易成功，贴如逼吸亦相同。去手周身要软和，动取尤宜疾速多。借彼实凶，横若小童。吞吐吸纳借气力，粘以手松软为和。按捺手劲宜炼（练）熟，一肘一股动[illegible]〔一〕坚。紧紧跟彼难变稳，撤疾速[illegible]〔二〕去不系。按贴两手莫离身，谨访（防）〔三〕失落无差误。

统论理法

夫人体之至弱者，秉先天不足，当即求后天陪之。功其功，莫先养其精[illegible]〔四〕，功成佳[illegible]〔五〕，气血充盈。惟强筋壮体润骨，健则百疾不染，变弱为强势[illegible]〔六〕。然书曰：人之有此，果然效之，必至身无所损矣，修弱为强。为强之道既明，再究其十八字之中其所最重者：筋动合健，伸缩不滞，其手须备。精神虚实之道亦在吾心之中，自然揣度，行移坐立，[illegible]〔七〕心动静之间，意其所有及其来者。如何用勤演习时，方算为贵？炼（练）者手法是可为奇，照样行为。吾之差谈，妙手得诀，登明堂，

〔一〕[illegible]，此字难以识别，待考。
〔二〕[illegible]，此字难以识别，待考。
〔三〕访，据文义，应为『防』字之误。
〔四〕[illegible]，此字难以识别，待考。
〔五〕[illegible]，此字难以识别，待考。
〔六〕[illegible]，此二字难以识别，待考。
〔七〕[illegible]，此字难以识别，待考。

意俞（愉）〔一〕身正，貌柔心刚。

炼（练）残字传推吐之法

残字势，快活仙，二比争斗，周身如绵，手猿足猕之状。心雄胆壮而[illegible]〔二〕，摹听根苗虚实。发则似箭离弦，二指为首，闭时力莫先。左手顾身气虚发，右膝和软心防变，吸逼存心谁敢占？吐如炮响，地裂山崩，如其妙炼（练），能而不能。

形势须像

[illegible]〔三〕形此手猿足猕（猕），内精与神外，视安逸实系。身分三节，两眼紧观他人之胸。其中吞吐，便要炼（练）熟三分。一二三四五关，按疾字扣取内静之躯。紧动相随，手足一线，而去身要同往心灵。眼疾上下，手足应之。如一气，自涌泉而贯脉，此一身之力也。按手掌[illegible]〔四〕皮，如应脉一般，气入而手即精也。手入几多，身收几多，并要松力。来者，身入也；去者，放推也。

〔一〕俞，古文中通『愉』字。
〔二〕[illegible]，此字难以识别，待考。
〔三〕[illegible]，此字难以识别，待考。
〔四〕[illegible]，此字难以识别，待考。

十忌法

一忌凶相，二忌怒貌，三忌紧膝，四忌硬立，五忌拳手，六忌抬肩，七忌用力，八忌乱推，九忌畏怯，十忌退缩。

四炼口诀

我在床上眠，如人立我前。思他手足动，我用推与牵。功夫如此炼（练），凡骨炼（练）成仙。

我在途中行，如人与我争。纵然他手发，我手不留情。行者常时记，功夫自高明。

我在筵前食，如人与我敌。恍然人手来，我手思逼吸。功夫到自然，必要于斯习。

我与人共谈，恐人即粘残。我心先防看，人来难上难。须当这样炼（练），何时有空闲。

以上四条属无上道人训徒要语，凡由斯路者，宜遵循而罔焉可。

少林寺武功秘诀卷终

杨世家秘传彪手法门

立步如泰山，两足抓地。身启立石，势昂力猛。脚步四六分力，则丁不丁八不八，不怕蹴，只怕弯。身腰若歪，足劲虽有，押力亦无用也。打人要心不善，起手要重，落手要劲。手似眼，足似睛，进步要紧，退步要松。紧不离分毫，松不离数寸。膝怕启，肘怕露。膝启被人跌，肘露被人灭。身歪步不稳，腰歪劲必松。总以快捷为妙也。诀云：举手似对头，彼人强来则我弱，为人动手不可慌忙。心要定，以胆为先。论可伤，情不可顺。情如有顺，惜伤了自身，谓之弱夫。慎之，慎之！

进步诀

进步要紧，越紧越跌。退步要松，莫[illegible][一]停。我用擒拿兼推果，勾倒连环护自身。见空若不进，瞎眼人行路。若从口诀，有打有跌。不依口诀，随手丢别。起手要有路，进退要有步。无路被人打，无步被人跌。脚步勿乱，动则必被打。手法勿乱，动则被必（必被）[二]跌，身法吞松取虚，必胜也。

肘对诀

肘当打其左右两傍（旁）[三]，可打心窝。不可露肘，被人抢拿，万难救也。去手似风过，打上封下；起手如放爆，便可应急。发手要护本面，以防敌人迎风铁扇。

彪手诀

搀推援夺，抛托插煞，吞吐浮沉，用彪手。先做援劲，后出彪，要炼（练）到五法随行，方可效也。发彪手，不用肩着力，左手顾胸膛，十打九有效。出手后足曲，曲前脚探，探犹如月里偷桃。手出火炮连天，转手犹如蛇盘乌龟。手法、眼法、身法、劲法、势法五法同行，方可成功。

〔一〕[illegible]，此字难以识别，待考。
〔二〕被必，据文义，应为『必被』之误。
〔三〕傍，据文义，当作『旁』字。

夫之眼为先，反客为主，五关[illegible][一]路。一关手[illegible][二]，二关手拿，三关手背，四关手劲，五关手肘。凡跌人也，五关清楚。莫等人进五关，若进五关，万难救也。倘若进五关，背要扎紧。凡有扒手推带，跌浮抢下。凡放人桩，要观上中下三盘，左右中三门。不误自身，只许其进，不许其退。[illegible][三]离背者，摆动后脚，总以身法对人之心。不扳脚，出手如木生根。工（功）[四]夫未到，要如修行炼道，无不出也。

八法势

搀软洒，推长洒，援要短，夺要紧，牵要顺，挪要接，逼要阳，吸要急。后脚略弯前脚松，两眼闪闪观其胸。轻贴随手西如东，此手其稽莫散，不宜着力，弱人文士，皆可[illegible][五]之。总究其理，八法手势。君进步取由子午，任他千变，我心归一。纵我虽成，尚观虚实。彼来七虚，我占七实。其受吾诀，莫谓不奇。软起以手足阴移，手顾胸前，应对其紧步移，肩随被脑莫放[illegible][六]。手来粘时休用力，搀推即吐功莫迟。捞足抢腿见浮用，随转随步取顺门。步法每门习精奇，两足随身周四围。一双扒手通炼（练）就，临时取用便其宜。

〔一〕[illegible]，此字难以识别，待考。
〔二〕[illegible]，此字难以识别，待考。
〔三〕[illegible]，此字难以识别，待考。
〔四〕工，古文中通『功』字。
〔五〕[illegible]，此字难以识别，待考。
〔六〕[illegible]，此字难以识别，待考。

肩尖诀

肩尖要对脚尖，进步跌一边。见势接手，肩尖进一步，可勒罗汉路者打也。要蛮蛮中之间，果是难。倘若依理真口诀，纵打蛮子也不难。侧门肩桩进步，事必合理举手。莫等打，等打便是假。必要心雄胆壮，先到为赢（赢）也。

炼（练）手劲法

生劲为先，摆劲为后。夺劲扭劲，只用千觔（斤）〔一〕。棍炼（练）放援夺，习五步手带□〔二〕摆去彪。总只尽关二十斤煎，□〔三〕药、五加皮〔四〕、生云苓〔五〕、生□乌〔六〕、生草乌〔七〕、乳香〔八〕、没药〔九〕、桂枝〔一〇〕。〔一一〕查过摆劲法，不误。

〔一〕觔，古文中同『筋』或『斤』。在此谱中，据文义，当作『斤』字。

〔二〕□，此字难以识别，待考。

〔三〕□，此字难以识别，待考。

〔四〕五加皮，中药名，具有祛风湿、补益肝肾、强筋壮骨、利水消肿的功效。

〔五〕云苓，即茯苓，中药名，具有利水渗湿、健脾、宁心的功效。

〔六〕生□乌，据文义，应为中药名，待考。

〔七〕生草乌，中药名，具有祛风除湿、温经止痛的功效。

〔八〕乳香，中药名，具有活血行气止痛、消肿生肌的功效。

〔九〕没药，中药名，具有散瘀定痛、消肿生肌的功效。

〔一〇〕桂枝，中药名，具有发汗解肌、温通经脉、助阳化气的功效。

〔一一〕这部分内容涉及中医学及伤科药方，具体运用须参考医疗或运动损伤专业图书，校释仅对古籍原文进行整理，不涉及专业知识。

敌手诀

动手子午，进门随肩，眼望人肩，皆以法对人心。他上救，即落下盘，他下救，即入咽喉。自力大不宜躲，自劲力小，用消（潇）〔一〕洒脱离。动手方见机，总用要借势跌人。敌人猛勇，牵带[illegible]〔二〕，带法[illegible]〔三〕动，左脚摆动，右肩横跌，猛勇有准。

诀云

挽推出手，援夺押手。抛托玄手，插煞彪手，吞吐伸手，浮沉高低，消（潇）洒滚手，脱离解手。

民国廿九年六月一日录于东窗之下　玉基抄

〔一〕消，据文义，应为『潇』字之误。后同。

〔二〕[illegible]，此二字难以识别，待考。

〔三〕[illegible]，此字难以识别，待考。